Inhaltsverzeic

A) Lautlehre

1. Alphabet

Die lateinische Schrift wurde aus dem griechischen Alphabet entlehnt. Die Römer schrieben ursprünglich nur in großen Buchstaben (Majuskeln). Aus ihnen haben sich seit dem Ende der Republik allmählich die kleinen lateinischen Schriftzeichen (Minuskeln) entwickelt. Mit dem Christentum wurde die lateinische Schrift von den Germanen übernommen. Das lateinische Alphabet umfaßte zur Zeit des Augustus 23 Buchstaben:

A B C D E F G H I K L M N O P Q R S T V (U) X Y Z

a b c d e f g h i k l m n o p q r s t v (u) x y z

2. Aussprache

c wurde bis in die späte Kaiserzeit allgemein als k gesprochen (cista *Kiste*; cellarium *Keller*), verdrängte deshalb auch fast vollständig das k, das sich nur noch in ein paar Wörtern erhalten hat (Kalendae). Erst seit dem Ausgang der Antike spricht man c vor e, i und y und den Diphthongen ae und oe wie z (cella *Zelle*; circus *Zirkus*).

h wurde fast überhaupt nicht gesprochen und gilt deshalb nicht als Konsonant.

i ist sowohl Vokal (incola) wie auch Konsonant = j. Das Schriftzeichen j kam erst im 15. Jahrhundert auf. i wird im Anlaut vor Vokalen wie j gesprochen (ianua), ebenso im Inlaut zwischen zwei Vokalen (Pompeius; maior).

s wird immer stimmlos (scharf) gesprochen.

s vor Konsonant (sc, sch, sp, st) wird immer getrennt gesprochen: **sceptrum = s-ceptrum; schola = s-chola; spiritus = s-piritus; studium = s-tudium.**

t vor i wurde bis zum Ende der Antike stets wie ti, nie als zi gesprochen: natio; silentium.

v war ursprünglich sowohl Vokal = u wie auch Konsonant = w (VARVS). Erst seit der Zeit des Augustus verwendet man die Rundform (u) für den Lautwert u (natura), die Spitzform (v) für den Lautwert w (villa). Doch wird u noch wie w gesprochen nach q (quis), ng (lingua) und s, wenn auf das u ein a oder e folgt (suadere; suavis; Suebi).

3. Einteilung der Laute

Die durch die obengenannten Buchstaben bezeichneten Laute teilt man ein in Vokale (Selbstlaute), Diphthonge (Doppelvokale) und Konsonanten (Mitlaute).

Vokale sind ă, ĕ, ĭ, ŏ, ŭ, y̆ (in griechischen Lehnwörtern).

Alle lateinischen Vokale können lang (¯) oder kurz (˘) sein. Diphthonge sind ae, oe, au, eu. ai, ei, ui kommen nur im Altlatein vor. ae und oe werden getrennt ausgesprochen, wenn auf dem e zwei Trennungspunkte (Trema) oder ein Längenzeichen stehen (āēr, āēris; poēta). Diphthonge sind immer lang.

Bei den Konsonanten unterscheidet man

Verschlußlaute (vōcēs mūtae):	b, p (Labiale = Lippenlaute)
	d, t (Dentale = Zahnlaute)
	g, c, q, k (Gutturale = Kehllaute)
	b, d, g sind stimmhaft (mediae),
	p, t, c sind stimmlos (tenues).
Dauerlaute:	l, r (Liquidae = Fließlaute)
	m, n (Nasale = Nasenlaute)
	f, v, s, z, i (j) (Spiranten = Zischlaute)
	h (Aspirata = Hauchlaut).

4. Quantität (Sprechdauer) der Silben

1. Eine Silbe ist lang, wenn sie einen langen Vokal oder Diphthong enthält (naturlang): Rōmānus, taurus.

2. Eine Silbe gilt als lang, wenn auf einen kurzen Vokal zwei oder mehr Konsonanten folgen (positionslang): fenestra, columba.

Anm. 1: Muta cum Liquida bewirkt in der Prosa keine Positionslänge, dagegen oft in der Dichtung.

Anm. 2: qu bewirkt ebenfalls keine Positionslänge: cólloquī.

Merke: Vor nf, ns, nct, gn ist der Vokal immer lang (īnfāns, sānctus, sīgnum).

5. Betonung

Für die Betonung lateinischer Wörter ist die Quantität der vorletzten Silbe (paenultima) entscheidend.

Zweisilbige Wörter werden auf der vorletzten Silbe, d. i. der ersten Silbe, betont (Rṓma).

Drei- und mehrsilbige Wörter werden auf der vorletzten Silbe betont, wenn diese natur- oder positionslang ist (nātū́ra; fenéstra).

Ist die vorletzte Silbe kurz, so wird die drittletzte Silbe betont (agrícola, dóminus).

Anmerkung: Angehängtes -que zieht den Akzent auf die zweitletzte Silbe, auch wenn diese kurz ist (filius filiáque).

Merke: Die letzte Silbe eines lateinischen Wortes wird nie betont.

6. Lautwandel

Lautwandel der Vokale

Ablaut ist der Wechsel der Vokale in Wörtern gleichen Stammes (agō, ēgī). Man spricht von qualitativem Ablaut, wenn die Farbe des Vokals wechselt (tegere, toga), von quantitativem Ablaut, wenn die Länge des Vokals sich ändert (legō, lēgī). Beide Möglichkeiten kommen oft zusammen vor (capiō, cēpī). Man unterscheidet beim quantitativen Ablaut nach der Lautdauer die Grundstufe (edō), die Dehnstufe (ēdī) und die Schwundstufe (s-u-nt; Grundstufe es-).

Vokalschwächung: Kurzer Vokal und Diphthonge werden in Mittelsilben geschwächt (claudere — inclūdere; cado — cecidī).

Merke: Kurzes i wird in unbetonten Mittelsilben vor r zu e abgeschwächt: laudabĭris >[1]) laudabĕris; legĕris <[1]) legĭris.

Vokalkürzung: Langer Vokal wird vor Vokal gekürzt — Vocalis ante vocalem corripitur: monēre, moneō. Wenn jedoch drei Vokale aufeinanderfolgen, wird der mittlere nicht gekürzt: diēī. Langer Vokal wird vor auslautenden Konsonanten außer vor s gekürzt: laudābam, aber laudābās.

Vokaldehnung: Vokale werden gedehnt, wenn s vor stimmhaften Konsonanten ausfällt (Ersatzdehnung): isdem > īdem.

Vokale werden gedehnt vor ns, nf, nct, gn (siehe Quantität der Silben): īnfāns, sānctus, sīgnum).

Vokalschwund: Ein kurzer Vokal wird im Wortinnern zwischen Konsonanten ausgestoßen (Synkope): fert < ferit; valdē < validē; reppuli < repepuli; nauta < navita.

Kurzer auslautender Vokal wird abgestoßen (Apokope): dīc < dīce; nec < neque.

Ein Endvokal, bzw. Endvokal + *m* vor vokalischem Anlaut wird bei zusammengesetzten Wörtern ausgestoßen (Elision): nūllus < ne-ūllus; animadverto < animum adverto.

Merke: In der Dichtung findet Elision auch vor vokalischem Anlaut des folgenden Wortes statt:

Ante mare‿et terras et, quod tegit omnia caelum.
Naturam‿expellas furca, tamen usque recurret.

Lautwandel der Konsonanten

Rhotazismus (nach dem griechischen Buchstaben für r = ρ (Rho): s zwischen zwei Vokalen wird zu r: mōs, mōris; laudāse > laudāre; esam > eram.

Assimilation: Ein Konsonant wird dem folgenden Konsonanten angeglichen oder gleich: rēg-tus > rēctus; ad-ferre > afferre; ad-tulī > attulī; ad-lātus > allātus; pot-sum > possum.

---

[1]) Das Zeichen > bedeutet: wird zu; das Zeichen < bedeutet: entstanden aus.

Dissimilation: Die Wiederholung gleicher Konsonanten, besonders der Liquiden l und r in aufeinanderfolgenden Silben wird vermieden: caeluleus > caeruleus.

Änderung der Dentallaute (d u. t):

Dental vor s wird zu s: ced-si > cessi.

Doppeldental wird zu Doppel-s: congred-tus > congressus; mit-tus > missus.

Doppel-s wird im Inlaut nach langem Vokal oder Diphthong vereinfacht, ebenso stets im Auslaut: lūd-sī > lūssī > lūsī; claud-sī > claussī > clausī; mīlet-s > mīless > mīles.

Änderung der Gutturallaute (g u. c):

Guttural wird mit s zu x: rēg-s > rēx; dīc-sī > dīxī.

Vor t kann nur die Tenuis c stehen (siehe unter Assimilation): rēg-tus > rēctus.

Änderung der Labiallaute (b u. p):

Labiale stehen vor s und t nur als Tenuis p: scrībō, scrīpsī, scrīptus.

Reduplikation: Anlautender Konsonant tritt mit e oder dem Stammvokal vor den Stamm: pellō, pe-pulī; posco, po-poscī; tango, te-tigī.

B) Formenlehre

I. Wortarten

Man unterscheidet veränderliche (flektierbare) und unveränderliche (unflektierbare) Wörter. **Flektierbar sind Nomina** (Singular: das Nomen = Nennwort) und Verben[1]) (Singular: das Verb = Zeit- oder Tätigkeitswort), **unflektierbar sind Partikeln**[2]) (Singular: die Partikel = Redeteilchen, Füllwort).

Zu den Nomina gehören 1. die **Substantiva** (Sing.: das Substantiv = Hauptwort); 2. die **Adjektive** (Sing.: das Adjektiv = Eigenschaftswort); 3. die **Pronomina** (Sing.: das Pronomen = Fürwort); 4. die **Numeralia** (Sing.: das Numerale = Zahlwort).

Die Flexion (Beugung) der Nomina heißt Deklination, die Flexion der Verben Konjugation.

Zu den Partikeln gehören 1. die **Adverbien** (Sing.: das Adverb = Umstandswort); 2. die **Präpositionen** (Sing.: die Präposition = Verhältniswort); 3. die **Konjunktionen** (Sing.: die Konjunktion = Bindewort); 4. die **Interjektionen** (Sing.: die Interjektion = Ausrufewort).

Anmerkung: Die lateinische Sprache kennt keinen Artikel (Geschlechtswort). puella heißt je nach dem Zusammenhang *das Mädchen, ein Mädchen, Mädchen.*

---

[1]) lat. verbum, Pl. verba.

[2]) lat. particula, Pl. particulae.

II. Das Nomen

Die Form des lateinischen Nomens wird wie im Deutschen bestimmt durch den Kasus (Plural: die Kasus) (cāsus, ūs *der Fall*), **den Numerus** (Pl.: die Numeri) (numerus, ī *die Zahl*) und **das Genus** (Pl.: die Genera) (genus, eris *das Geschlecht*).

1. Kasus

Es gibt im Lateinischen 6 Kasus:

Nominativ	(Nom.)	Frage: wer oder was?
Genetiv	(Gen.)	Frage: wessen?
Dativ	(Dat.)	Frage: wem?
Akkusativ	(Akk.)	Frage: wen oder was?
Ablativ	(Abl.)	Frage: womit?, wodurch?, woher?, wo?, wann?
Vokativ	(Vok.)	Kasus der Anrede.

Da die lateinische Sprache keinen Artikel hat, werden Kasus und Numerus durch die Ausgänge unterschieden.

Anmerkung: Den Nominativ bezeichnet man als cāsus rēctus (der gerade Kasus), die übrigen Kasus nennt man zusammenfassend cāsūs oblīquī (die schrägen, gebeugten Kasus).

Merke: Der Vokativ ist bei allen Deklinationen gleich dem Nominativ, nur die Substantiva der o-Deklination auf -us haben im Vokativ Singular eine besondere Form mit dem Ausgang -ĕ (amīce *[o] Freund, mein Freund*).

2. Numerus

Der Numerus eines Nomens ist entweder **Singular** (numerus singulāris — Einzahl) oder **Plural** (numerus plūrālis — Mehrzahl).

Einige Substantiva kommen nur im Plural vor (plūrālia tantum = Pluralwörter), z. B. arma, ōrum, *n die Waffen;* castra, ōrum, *n das Lager;* dīvitiae, ārum, *f der Reichtum.*

3. Genus

Die lateinische Sprache hat wie die deutsche **drei Genera:** das **Maskulinum** (genus masculīnum, abgekürzt: *m* = männliches Geschlecht), das **Femininum** (genus fēmininum *f* = weibliches Geschlecht), das **Neutrum** (genus neutrum *n* = sächliches Geschlecht, wörtlich: keins von beiden).

Das Genus eines Substantivs ist entweder natürlich oder grammatisch bestimmt.

Männliche Personen, Flüsse und Winde sind nach dem natürlichen Geschlecht **Maskulina.**

Weibliche Personen und die Namen von Bäumen sind Feminina.
Nicht deklinierbare Wörter gelten als Neutra.

Das grammatische Geschlecht erkennt man in der Regel an der Nominativendung und der Deklinationszugehörigkeit.

4. Bildung des Nomens

Alle Nomina kann man in Stamm und Endung, Wortstock und Ausgang zerlegen.

Den Stamm eines Nomens erkennt man immer am Genetiv Plural. Wenn man die Endung -um oder -rum abstreicht, erhält man den Stamm, der auf den Stammauslaut endet: flammā-rum; lupō-rum; passu-um; diē-rum; turri-um; rēg-um.

Stammauslaut und Endung sind oft untrennbar miteinander verschmolzen. Deshalb faßt man sie als Ausgang zusammen und bezeichnet den übrigen unveränderlichen Teil des Nomens als Wortstock.

Wortstock und Ausgang erkennt man am Genetiv Singular: flamm-ae; lup-ī; pass-ūs; di-ēī; turr-is; rēg-is.

III. Die Deklinationen

Nach der Verschiedenheit des Stammauslautes unterscheidet man a-Deklination (flammā-), o-Deklination (lupo-), u-Deklination (passu-), e-Deklination (diē-), i-Deklination (turri-, mari-), konsonantische Deklination (reg-). Hinzu kommt die gemischte Deklination (classis, pars), die im Singular die Ausgänge der konsonantischen, im Plural die Ausgänge der i-Deklination hat.

1. Die a-Deklination

Beispiel: stēlla, ae, *f der Stern*; Stamm: stēllā-; Wortstock: stēll-.

Ausgänge

	Singular		Plural		Sing.	Plur.
Nom.	stēll-a	*der (ein) Stern*	stēll-ae	*die Sterne*	a	ae
Gen.	stēll-ae	*des Sternes*	stēll-ārum	*der Sterne*	ae	ārum
Dat.	stēll-ae	*dem Stern*	stēll-īs	*den Sternen*	ae	īs
Akk.	stēll-am	*den Stern*	stēll-ās	*die Sterne*	am	ās
Abl.	stēll-ā	*durch den Stern*	stēll-īs	*durch die St.*	ā	īs
Vok.	stēll-a	*(o) Stern*	stēll-ae	*(ihr) Sterne*		

Genusregel: Die Substantiva der a-Deklination sind Feminina.

Bei Personen gilt das natürliche Geschlecht: agricola, ae, *m der Bauer*; incola, ae, *m der Einwohner*; convīva, ae, *m der Gast*; nauta, ae, *m der Seemann*; poēta, ae, *m der Dichter*; Persae, arum, *m die Perser*; aber: cōpiae, cōpiārum, *f die Truppen* (eigentlich: *die Machtmittel, Streitkräfte*).

2. Die o-Deklination

1. Substantiva auf -us

Beispiel: equus, ī, *m das Pferd*; Stamm: equo-; Wortstock: equ-.

Ausgänge

	Singular		Plural		Sing.	Plur.
Nom.	equ-us	*das (ein) Pferd*	equ-ī	*die Pferde*	us	ī
Gen.	equ-ī	*des Pferdes*	equ-ōrum	*der Pferde*	ī	ōrum
Dat.	equ-ō	*dem Pferd*	equ-īs	*den Pferden*	ō	īs
Akk.	equ-um	*das Pferd*	equ-ōs	*die Pferde*	um	ōs
Abl.	equ-ō	*durch das Pferd*	equ-īs	*durch die Pf.*	ō	īs
Vok.	equ-e	*(o) Pferd*	equ-ī	*(ihr) Pferde*	e	ī

Merke: 1. Die Substantiva auf -ius bilden den Vokativ auf -ī: Lūcius, Vok. Lūcī; ebenso heißt es immer: mī fīlī *mein Sohn.*

2. Von deus *Gott* ist der Vokativ gleich dem Nominativ. Der Plural von deus heißt: dī, deum, dīs, deōs, dīs.

2. Substantiva auf -um

Beispiel: dōnum, ī, *n das Geschenk*; Stamm: dōno; Wortstock: dōn-.

Ausgänge

	Singular		Plural		Sing.	Plur.
Nom.	dōn-um	*das (ein) Gesch.*	dōn-a	*die Geschenke*	um	a
Gen.	dōn-ī	*des Geschenkes*	dōn-ōrum	*der Geschenke*	ī	ōrum
Dat.	dōn-ō	*dem Geschenk*	dōn-īs	*den Gesch.*	ō	īs
Akk.	dōn-um	*das Geschenk*	dōn-a	*die Geschenke*	um	a
Abl.	dōn-ō	*durch das Gesch.*	dōn-īs	*durch die Ge.*	ō	īs
Vok.	dōn-um	*(o) Geschenk*	dōn-a	*(ihr) Geschenke*		

Merke: 1. Die Neutra haben nur im Nominativ und Akkusativ andere Ausgänge als die Maskulina, bzw. Feminina der betreffenden Deklination.

2. **Bei allen Neutra ist der Akkusativ gleich dem Nominativ.**

3. **Alle Neutra haben im Nominativ und Akkusativ Plural die Endung -a.**

3. Substantiva auf -er

Beispiele: puer, puerī, *m der Knabe*; Stamm: puero-; Wortstock: puer-.
ager, agrī, *m der Acker*; Stamm: agro-; Wortstock: agr-.

	Singular	Plural
Nom.	puer	puer-ī
Gen.	puer-ī	puer-ōrum
Dat.	puer-ō	puer-īs
Akk.	puer-um	puer-ōs
Abl.	puer-ō	puer-īs
Vok.	puer	puer-ī

	Singular	Plural
Nom.	ager	agr-ī
Gen.	agr-ī	agr-ōrum
Dat.	agr-ō	agr-īs
Akk.	agr-um	agr-ōs
Abl.	agr-ō	agr-īs
Vok.	ager	agr-ī

Merke: vir, virī *der Mann*; Pl. virī, virōrum.

Genusregel: Die Substantiva der o-Deklination auf -us und -er sind Maskulina, die auf -um sind Neutra.

Ausnahmen: Land, Baum, Insel, Stadt auf -us
als weiblich man sich merken muß,
genauso das Wort humus.

Aegyptus, ī, *f Ägypten*; Rhodus, ī, *f Insel und Stadt Rhodos*; Corinthus, ī, *f Korinth*; fāgus, ī, *f Buche*; humus, ī, *f der Erdboden, das Erdreich.*

Neutra sind vulgus, ī, *n das Volk, die große Masse* (Akk. Sing. neben vulgus auch vulgum) und vīrus, ī, *n der Schleim, das Gift.*

3. Adjektive der o/a-Deklination

1. Adjektive auf -us

Beispiel: bonus, bona, bonum *gut*; Wortstock: bon-.

Singular				Plural			
	m	*f*	*n*		*m*	*f*	*n*
Nom.	bonus	bona	bonum	Nom.	bonī	bonae	bona
Gen.	bonī	bonae	bonī	Gen.	bonōrum	bonārum	bonōrum
Dat.	bonō	bonae	bonō	Dat.	bonīs	bonīs	bonīs
Akk.	bonum	bonam	bonum	Akk.	bonōs	bonās	bona
Abl.	bonō	bonā	bonō	Abl.	bonīs	bonīs	bonīs
Vok.	bone	bona	bonum	Vok.	bonī	bonae	bona

2. Adjektive auf -er

Die Adjektive der o/a-Deklination auf -er unterscheiden sich von denen auf -us nur im Nominativ Singular. Von pulcher, pulchra, pulchrum *schön* (Wortstock: pulchr-) heißt also der Gen. Sing.: pulchr-ī, pulchr-ae, pulchr-ī, von līber, lībera, līberum *frei* (Wortstock: līber-) Gen. Sing.: līber-ī, līber-ae, līber-ī.

Unterscheide: līberī, līberōrum *die Kinder*; librī, librōrum *die Bücher.*

4. Die u-Deklination

1. Substantiva auf -us

Beispiel: passus, passūs, *m der Schritt*; Stamm: passu-; Wortstock: pass-.

Ausgänge

	Singular	Plural	Sing.	Plur.
Nom.	pass-us	pass-ūs	us	ūs
Gen.	pass-ūs	pass-uum	ūs	uum
Dat.	pass-uī	pass-ibus	uī	ibus
Akk.	pass-um	pass-ūs	um	ūs
Abl.	pass-ū	pass-ibus	ū	ibus

2. **Substantiva auf -ū**
Beispiel: cornū, ūs, *n das Horn*; Stamm: cornu-; Wortstock: corn-.

Ausgänge

	Singular	Plural	Sing.	Plur.
Nom.	corn-ū	corn-ua	ū	ua
Gen.	corn-ūs	corn-uum	ūs	uum
Dat.	corn-uī(ū)	corn-ibus	uī(ū)	ibus
Akk.	corn-ū	corn-ua	ū	ua
Abl.	corn-ū	corn-ibus	ū	ibus

Merke: Die ältere Form des Dativs Singular auf -uī wird seit der klassischen Zeit meistens durch -ū ersetzt.

Genusregel: Die Substantiva der u-Deklination auf -us sind Maskulina, die auf -ū sind Neutra.

Ausnahmen: Feminina sind domus, ūs, *f das Haus*, manus, ūs, *f die Hand, die Schar*, tribus, ūs, *f der Bezirk, der Stadtteil*, porticus, ūs, *f die Säulenhalle*, quercus, ūs, *f die Eiche*, Īdūs, uum, *f die Iden*.

Besonderheit: domus, ūs, *f das Haus* bildet den Abl. Sing. und Akk. Plural nach der o-Deklination: domō, domōs.

5. Die e-Deklination

Beispiel: rēs, reī, *f die Sache, das Ding*; Stamm: rē-; Wortstock r-.

Ausgänge

	Singular	Plural	Sing.	Plur.
Nom.	r-ēs	r-ēs	ēs	ēs
Gen.	r-eī	r-ērum	eī	ērum
Dat.	r-eī	r-ēbus	eī	ēbus
Akk.	r-em	r-ēs	em	ēs
Abl.	r-ē	r-ēbus	ē	ēbus

Merke: Das e im Genetiv und Dativ Singular ist lang, wenn der Wortstock auf einen Vokal endet. Beispiel: di-ēs, di-ēī (vgl. Vokalkürzung S. 7).

Genusregel: Die Substantiva der e-Deklination sind Feminina.

Ausnahmen: Maskulina sind merīdiēs, merīdiēī *der Mittag* und diēs, diēī *der Tag*; doch ist diēs in der Bedeutung „Termin, Zeit" Femininum: diēs cōnstitūta *der vereinbarte Termin*.

6. Die konsonantische Deklination

Zur konsonantischen Deklination gehören alle Substantiva, deren Stamm auf eine Liquida (l, r), einen Nasallaut (m, n) oder eine Muta (g, c; d, t; b, p) endet.

Merke: Bei der konsonantischen Deklination sind Wortstock und Stamm gleich, deshalb auch Ausgang und Endungen.

1. **Maskulina** (Liquidastämme)

Beispiel: labor, labōris, *m die Arbeit*; Stamm: labōr-.

	Singular	Plural	Sing.	Plur.
			Ausgänge	
Nom.	labor	labōr-ēs	—	ēs
Gen.	labōr-is	labōr-um	is	um
Dat.	labōr-ī	labōr-ibus	ī	ibus
Akk.	labōr-em	labōr-ēs	em	ēs
Abl.	labōr-e	labōr-ibus	e	ibus

2. a) **Feminina** (Nasalstämme)

Beispiel: ōrātiō, ōrātiōnis, *f die Rede*; Stamm: ōrātiōn-.

	Singular	Plural	Sing.	Plur.
			Ausgänge	
Nom.	ōrātiō	ōrātiōn-ēs	—	ēs
Gen.	ōrātiōn-is	ōrātiōn-um	is	um
Dat.	ōrātiōn-ī	ōrātiōn-ibus	ī	ibus
Akk.	ōrātiōn-em	ōrātiōn-ēs	em	ēs
Abl.	ōrātiōn-e	ōrātiōn-ibus	e	ibus

Merke: Liquidastämme und Nasalstämme haben im Nominativ Singular keinen Ausgang.

2. b) **Feminina** (Mutastämme)

Beispiel: lēx, lēgis, *f das Gesetz*; Stamm: lēg-.

	Singular	Plural	Sing.	Plur.
			Ausgänge	
Nom.	lēx	lēg-ēs	s	ēs
Gen.	lēg-is	lēg-um	is	um
Dat.	lēg-ī	lēg-ibus	ī	ibus
Akk.	lēg-em	lēg-ēs	em	ēs
Abl.	lēg-e	lēg-ibus	e	ibus

3. **Neutra** auf -men, -ur und -us

Beispiele: nōmen, nōminis, *n der Name*; Stamm: nōmin-
rōbur, rōboris, *n die Kraft*; Stamm: rōbor-
corpus, corporis, *n der Körper*; Stamm: corpor-
genus, generis, *n das Geschlecht*; Stamm: gener-

	Singular	Plural	*Ausgänge* Sing.	Plur.
Nom.	nōmen	nōmin-a	—	a
Gen.	nōmin-is	nōmin-um	is	um
Dat.	nōmin-ī	nōmin-ibus	ī	ibus
Akk.	nōmen	nōmin-a	—	a
Abl.	nōmin-e	nōmin-ibus	e	ibus

Besonderheiten der konsonantischen Deklination:

Iuppiter *Jupiter*; Iovis, Iovī, Iovem, Iove
vās, vāsis, *n das Gefäß*; Plural: vāsa, vāsōrum, vāsīs
requiēs, requiētis, *f Ruhe*; Akk. Sing.: requiētem und requiem
bōs, bovis, *m f das Rind, der Stier, die Kuh*; Plural: bovēs, boum, būbus u. bōbus

7. Die i-Deklination

Zur i-Deklination gehören

1. die **Feminina:** sitis, puppis, turris, vīs, febris, secūris

sitis, is, *f Durst*
puppis, is, *f Heck*
turris, is, *f Turm*
vīs, vim (Akk.), vī (Abl.) *Kraft, Gewalt*
Pl. vīrēs, vīrium, vīribus *Kräfte*
febris, is, *f Fieber*
secūris, is, *f Beil*

Beispiel: turris, turris, *f Turm*; Stamm: turri-; Wortstock: turr-.

	Singular	Plural	*Ausgänge* Sing.	Plur.
Nom.	turr-is	turr-ēs	is	ēs
Gen.	turr-is	turr-ium	is	ium
Dat.	turr-ī	turr-ibus	ī	ibus
Akk.	turr-im	turr-īs (ēs)	im	īs (ēs)
Abl.	turr-ī	turr-ibus	ī	ibus

2. die **Neutra** auf -ar, -e, -al

exemplar, āris, *n Muster, Vorbild*
mare, maris, *n Meer*
animal, ālis, *n Lebewesen, Geschöpf*
vectīgal, ālis, *n Steuer, Zoll, Abgabe*

Beispiel: animal, ālis, *n das Lebewesen*; Stamm: animāli-; Wortstock: animal-.

Ausgänge

	Singular	Plural	Sing.	Plur.
Nom.	animal	animāl-ia	—	ia
Gen.	animāl-is	animāl-ium	is	ium
Dat.	animāl-ī	animāl-ibus	ī	ibus
Akk.	animal	animāl-ia	—	ia
Abl.	animāl-ī	animāl-ibus	ī	ibus

3. Tiberis, is, *m der Tiber* Albis, is, *m die Elbe* Neapolis, is, *f Neapel*

8. Die gemischte Deklination

Zur gemischten Deklination gehören

1. **die gleichsilbigen[1]) Substantiva auf -is und -es,** z. B. classis, classis, *f die Klasse, die Flotte* clādēs, clādis, *f die Niederlage*

2. **die Substantiva mit zwei Konsonanten vor dem Genetivausgang,** z. B. urbs, urbis, *f die Stadt*; nox, noctis, *f die Nacht*

Regel: Die Substantiva der gemischten Deklination haben im Singular die Ausgänge der konsonantischen Deklination, im Plural die Ausgänge der i-Deklination.

Beispiel: classis, classis, *f die Flotte*; Stamm: classi-; Wortstock: class-.

Ausgänge

	Singular	Plural	Sing.	Plur.
Nom.	class-is	class-ēs	is	ēs
Gen.	class-is	class-ium	is	ium
Dat.	class-ī	class-ibus	ī	ibus
Akk.	class-em	class-īs (ēs)	em	īs (ēs)
Abl.	class-e	class-ibus	e	ibus

Besonderheiten: Bei īgnis, is, *m das Feuer* kommt im Abl. Sing. neben īgne auch īgnī vor, ebenso bei nāvis, is, *f das Schiff* im Abl. Sing. neben nāve auch nāvī.

Ausnahmen: parentēs, pater, māter, frāter, iuvenis, canis haben im Plural die Formen der konsonantischen Deklination. Der Genetiv Plural lautet also: parentum, patrum, mātrum, frātrum, iuvenum, canum.

Merke: Das Partizip Präsens aller Konjugationen geht nach der gemischten Deklination (laudāns, Gen. laudantis).

---

[1]) Gleichsilbig nennt man Wörter, die im Nom. u. Gen. Singular die gleiche Silbenzahl haben.

9. Genusregeln für die Substantiva der konsonantischen, gemischten und i-Deklination

1. **Maskulina sind die Substantiva auf -or, -os (-oris), -er und l** (Liquidastämme auf l und r).

clāmor, ōris, *m Geschrei*	sōl, sōlis, *m Sonne*
mōs, mōris, *m Sitte*	sāl, salis, *m Salz*
carcer, carceris, *m Kerker*	

Ausnahme: arbor, oris, *f Baum*

2. **Feminina sind die Substantiva auf -s (-x) und -ō.**

Nasalstämme (m u. n): ōrātiō, iōnis, *f Rede*; hiems, mis, *f Winter*

Dentalstämme (d u. t): virtūs, ūtis, *f Tüchtigkeit*; aetās, ātis, *f Zeitalter*; mēns, mentis, *f Verstand*; laus, laudis, *f Lob, Ruhm*

Labialstämme (b u. p): plēbs, plēbis, *f Volksmenge*; ops, opis, *f Macht, Hilfe*

Gutturalstämme (g u. c): lēx, lēgis, *f Gesetz*; pāx, pācis, *f Friede*

Gleichsilbige Substantiva auf -ēs und -is: clādēs, is, *f Niederlage*; nāvis, is, *f Schiff*

Ausnahmen: Masculīnī generis
sind die Wörter all auf -nis
und collis, lapis, mēnsis
orbis, piscis, sanguis,
līmes, pariēs, pēs,
ōrdō, sermō, grex,
dēns, fōns, mōns und pōns.

fīnis, is, *m*	*Grenze, Ende*	līmes, itis, *m*	*Grenzwall*
fīnēs, ium, *m*	*Gebiet*	pariēs, etis, *m*	*Wand*
īgnis, is, *m*	*Feuer*	pēs, pedis, *m*	*Fuß*
collis, is, *m*	*Hügel*	ōrdō, inis *m*	*Reihe, Stand*
lapis, idis, *m*	*Stein*	sermō, ōnis, *m*	*Gespräch*
mēnsis, is, *m*	*Monat*	grex, gregis, *m*	*Herde*
orbis, is, *m*	*Kreis*	dēns, dentis, *m*	*Zahn*
piscis, is, *m*	*Fisch*	fōns, fontis, *m*	*Quelle*
sanguis, inis, *m*	*Blut*	mōns, montis, *m*	*Berg*
		pōns, pontis, *m*	*Brücke*

3. **Als Neutra man sich merken muß**
die -ar, -e, -al, -men, -ur und -us (-oris, -eris)
und caput, lac, iūs, vās — *Gefäß*,
ōs, os, iter, cor, vēr, aes.

		caput, pitis, *n*	*Haupt*
exemplar, āris, *n*	*Vorbild*	lac, lactis, *n*	*Milch*
mare, is, *n*	*Meer*	iūs, iūris *n*	*Recht*
animal, ālis, *n*	*Lebewesen*	vās, vāsis, *n*	*Gefäß*
vectīgal, ālis, *n*	*Steuer, Zoll*	ōs, ōris, *n*	*Mund*
flūmen, inis, *n*	*Fluß*	os, ossis, *n*	*Knochen*
rōbur, oris, *n*	*Kraft*	iter, itineris, *n*	*Weg, Marsch, Reise*
corpus, oris, *n*	*Körper*	cor, cordis, *n*	*Herz*
genus, eris, *n*	*Geschlecht*	vēr, vēris, *n*	*Frühling*
		aes, aeris, *n*	*Erz, Geld*

10. Adjektive der i-Deklination

Bei den Adjektiven der i-Deklination unterscheidet man nach dem Nominativausgang **drei Gruppen:**

Adjektive auf -er mit drei Endungen im Nominativ Singular: ācer, ācris, ācre *scharf*

Adjektive auf -is mit zwei Endungen im Nominativ Singular: fortis, fortis, forte *stark, tapfer*

Adjektive auf -x und -ns mit einer Endung im Nominativ Singular: fēlīx, fēlīx, fēlīx *glücklich*; prūdēns, prūdēns, prūdēns *klug*

Beispiel: ācer, ācris, ācre *scharf*; Stamm: ācri-; Wortstock: ācr-.

Singular				Plural			
	m	*f*	*n*		*m*	*f*	*n*
Nom.	ācer	ācris	ācre	Nom.	ācrēs	ācrēs	ācria
Gen.	ācris	ācris	ācris	Gen.	ācrium	ācrium	ācrium
Dat.	ācrī	ācrī	ācrī	Dat.	ācribus	ācribus	ācribus
Akk.	ācrem	ācrem	ācre	Akk.	ācrīs(ēs)	ācrīs(ēs)	ācria
Abl.	ācrī	ācrī	ācrī	Abl.	ācribus	ācribus	ācribus

Unterscheide von den Adjektiven der i-Deklination auf -er: celer, celeris, celere die Adjektive der o-Deklination auf -er: pulcher, pulchra, pulchrum.

Merke: Die Adjektive der i-Deklination unterscheiden sich in ihren Formen nur im Nominativ Singular und Akk. Sing. Neutrum. Von fortis (Wortstock: fort-) heißt also der Gen. Sing.: fort-is, von fēlīx (Wortstock: fēlīc-) fēlīc-is, von prūdēns (Wortstock: prūdent-) prūdent-is. Der Akk. Sing. Neutrum ist natürlich gleich der entsprechenden Form des Nominativs: forte, fēlīx, prūdēns.

11. Adjektive der konsonantischen Deklination

Zur konsonantischen Deklination gehören die Adjektive mit einer Endung im Nominativ Singular:

dīves, vetus, pauper, particeps und prīnceps.

dīves, Gen. divitis *reich*; vetus, Gen. veteris *alt*; pauper, Gen. pauperis *arm*; particeps, Gen. participis *teilhaftig*; prīnceps, Gen. prīncipis *der erste, der Führer*

Beispiel: vetus; Abl. Sg.: veter-e; Nom. Pl. Neutrum: veter-a; Gen. Pl.: veter-um.

IV. Steigerung (Komparation) der Adjektive

Begriff: Man unterscheidet bei der Steigerung **drei Stufen: Positiv** = Grundstufe, **Komparativ** = Vergleichsstufe, **Superlativ** = Höchststufe.

Beispiel: schön, schöner, der schönste.

Der lateinische Superlativ kann auch statt der Höchststufe einen außergewöhnlich hohen Grad (Elativ) bezeichnen und wird dann in der Regel mit dem Adverb „sehr" und dem Positiv übersetzt, z. B.: sehr schön, wunderschön.

1. Bildung des Komparativs und Superlativs

1. Der **Komparativ** wird gebildet, indem man an den Wortstock das **Suffix -ior** für Mask. und Fem. anfügt, für das Neutrum **-ius.**

2. Der **Superlativ** wird gebildet, indem man an den Wortstock das **Suffix -issimus**, a, um anhängt.

Die **Adjektive auf -er** (der o/a- und der i-Deklination) bilden den **Superlativ auf -errimus**, a, um.

Positiv	Wortstock	Komparativ	Superlativ
longus	long-	long-ior, -ius	long-issimus, a, um
lang		*länger*	*der längste, sehr lang*
fortis	fort-	fort-ior, -ius	fort-issimus, a, um
tapfer		*tapferer*	*der tapferste, sehr tapfer*
fēlīx	fēlīc-	fēlīc-ior, -ius	fēlīc-issimus, a, um
glücklich		*glücklicher*	*der glücklichste, sehr glücklich*
prūdēns	prūdent-	prūdent-ior, -ius	prūdent-issimus, a, um
klug		*klüger*	*der klügste, sehr klug*
pulcher	pulchr-	pulchr-ior, -ius	pulcher-rimus, a, um
schön		*schöner*	*der schönste, sehr schön*
miser	miser-	miser-ior, -ius	miser-rimus, a, um
elend		*elender*	*der elendeste, sehr elend*
ācer	ācr-	ācr-ior, -ius	ācer-rimus, a, um
scharf		*schärfer*	*der schärfste, sehr scharf*

2. Deklination des Komparativs

	Singular			Plural		
	m	*f*	*n*	*m*	*f*	*n*
Nom.	longior	longior	longius	longiōrēs	longiōrēs	longiōra
Gen.	longiōris	longiōris	longiōris	longiōrum	longiōrum	longiōrum
Dat.	longiōrī	longiōrī	longiōrī	longiōribus	longiōri-bus	longiōri-bus
Akk.	longiōrem	longiōrem	longius	longiōrēs	longiōrēs	longiōra
Abl.	longiōre	longiōre	longiōre	longiōribus	longiōri-bus	longiōri-bus

Der Komparativ wird nach der konsonantischen Deklination dekliniert.

Ausnahmen: plūrēs, plūra, Gen. plūrium — mehr
complūrēs, complūra, Gen. complūrium — mehrere

3. Besonderheiten der Steigerung

1. Steigerung mit Stammwechsel

Positiv	**Komparativ**	**Superlativ**
bonus *gut*	melior, melius *besser*	optimus *der beste, sehr gut*
malus *schlecht*	pēior, pēius *schlechter*	pessimus *der schlechteste, sehr schlecht*
māgnus *groß*	māior, māius *größer*	māximus *der größte, sehr groß*
parvus *klein*	minor, minus *kleiner*	minimus *der kleinste, sehr klein*
multum *viel*	plūs *mehr (Menge, Grad)*	plūrimum *das meiste, sehr viel*
multī *viele*	plūrēs, plūra Gen. plurium *mehr (Zahl)*	plūrimī *die meisten, sehr viele*
—	complūrēs, complūra, Gen. complūrium *mehrere*	plērīque *die meisten* plēraeque plēraque Gen. plērōrumque, plērārumque, plērōrumque

Unterscheide: Plūs scit quam tū. *Er weiß mehr als du.*
Mihi plūrēs librī sunt quam tibi. *Ich habe mehr Bücher als du.*
Complūrēs librōs ēmī. *Ich habe mehrere (einige) Bücher gekauft.*

2. Steigerung durch Umschreibung

Adjektive, die vor dem Ausgang -us einen Vokal haben, umschreiben den Komparativ mit magis *mehr*, den Superlativ mit māximē *am meisten, sehr.*

arduus, a, um *steil* magis arduus *steiler* māximē arduus *der steilste, sehr steil*
idōneus, a, um *geeignet* magis idōneus *geeigneter* māximē idōneus *der geeignetste, sehr geeignet*

dubius, a, um *zweifelhaft* magis dubius *zweifelhafter* māximē dubius *der zweifelhafteste, sehr zweifelhaft*

necessārius, a, um *notwendig* magis necessārius *notwendiger* māximē necessārius *der notwendigste, sehr notwendig*

pius, a, um *fromm* magis pius *frommer* māximē pius *der frommste, sehr fromm*

aber: antīquus, a, um *alt* antīquior, -ius *älter* antīquissimus *der älteste, sehr alt*

3. Bildung des Superlativs auf -illimus

Fünf Adjektive auf -ilis bilden den Superlativ auf -illimus.

facilis, e	*leicht*	facilior, ius	facillimus, a, um
difficilis, e	*schwer*	difficilior, ius	difficillimus, a, um
similis, e	*ähnlich*	similior, ius	simillimus, a, um
dissimilis, e	*unähnlich*	dissimilior, ius	dissimillimus, a, um
humilis, e	*niedrig*	humilior, ius	humillimus, a, um
aber: nōbilis, e	*edel*	nōbilior, ius	nōbilissimus, a, um
Merke: vetus	*alt,*	vetustior, ius	veterrimus, a, um

māgnificus, a, um *prächtig* magnificentior, ius māgnificentissimus, a, um

4. Unvollständige Steigerung

Einige Komparative und Superlative haben im Positiv kein Adjektiv, sondern sind von Präpositionen abgeleitet.

extrā	b. Akk.	*außerhalb*	exterior	*der äußere*	extrēmus	*der äußerste*
intrā	b. Akk.	*innerhalb*	interior	*der innere*	intimus	*der innerste*
īnfrā	b. Akk.	*unterhalb*	īnferior	*der untere, unterlegen*	īnfimus od. īmus	*der unterste*
suprā	b. Akk.	*oberhalb*	superior	*der obere, überlegen*	suprēmus summus	*der oberste* *der höchste*
prope	b. Akk.	*nahe bei*	propior	*der nähere*	proximus	*der nächste*
post	b. Akk.	*nach*	posterior	*der spätere*	postrēmus	*der letzte*
prae	b. Abl.	*vor*	prior	*der frühere*	prīmus	*der vorderste, der erste*
citrā	b. Akk.	*diesseits*	citerior	*diesseitig*		
ultrā	b. Akk.	*jenseits*	ulterior	*jenseitig*	ultimus	*der entfernteste, der letzte*
dē	b. Abl.	*von — herab*	dēterior	*geringer, schlechter*	dēterrimus	*der geringste, schlechteste*

		potior	*vorzüglicher, besser*	potissimus	*der vorzüglichste, hauptsächlichste*
		potius, Adv.	*eher, lieber*	potissimum, Adv.	*am liebsten, besonders*
iuvenis	*Jüngling*	iunior	*jünger*		
senex	*Greis*	senior	*älter*		

Merke folgende Substantive:

īnferī, ōrum *die Unterirdischen, die Unterwelt;*
superī, ōrum *die himmlischen Götter, die Oberwelt;*
posterī, ōrum *die Nachkommen.*

V. Das Adverb (Umstandswort)

Begriff: Das Adverb ist eine nähere Bestimmung zu einem Vollverb.

Puella pulchrē cantat. *Das Mädchen singt schön.*
„pulchrē" bestimmt die Art und Weise des Singens näher.
(Frage: wie? auf welche Weise?)

Unterscheide: Puella pulchra est. *Das Mädchen ist schön.*
„pulchra" bezeichnet eine Eigenschaft des Subjekts, ist Prädikatsnomen.
(Frage: wie beschaffen?)

1. Bildung der Adverbien von Adjektiven

Positiv: Bei den Adjektiven der o/a-Deklination hängt man an den Wortstock das Suffix -ē: clarus, a, um; clar-; Adverb: clar-ē; pulcher, chra, chrum; pulchr-; Adverb: pulchr-ē.

Bei den Adjektiven der i-Deklination hängt man an den Wortstock das Suffix -iter: fortis, e; fort-; Adverb: fort-iter. celer, eris, ere; celer-; Adverb: celer-iter.

Endet der Wortstock jedoch auf nt, so wird nur -er angefügt: prūdens; prudent-; Adverb: prudent-er.

Komparativ: Das Adverb im Komparativ ist gleich dem Akk. Sing. Neutrum des Adjektivs: clar-ius, pulchr-ius, fort-ius, celer-ius, prudent-ius.

Superlativ: Das Adverb des Superlativs endet bei allen Adjektiven entsprechend dem Positiv der Adverbien der o/a-Deklination auf -ē: clarissim-ē, pulcherrim-ē, fortissim-ē, celerrim-ē, prūdentissim-ē.

Merke: Adverbien sind im Lateinischen wie im Deutschen unveränderlich.

2. Besonderheiten der Adverbien

Zu bonus *gut* heißt das Adverb benĕ, zu malus *schlecht* malĕ, zu facilis *leicht* facile, zu difficilis *schwer* difficulter, zu audāx *kühn* audācter, zu alius *ein anderer* aliter *anders.*

diū *lange* diūtius *länger* diūtissimē *am längsten*
māgnopere *sehr* magis *mehr* māximē *am meisten*
saepe *oft* saepius *öfter* saepissimē *sehr oft*

VI. Prōnōmina (Fürwörter)

Vorbemerkung: Das Pronomen steht stellvertretend für ein Nomen (prō nōmine).

1. Personalpronomina (persönliche Fürwörter)

	1. Person		2. Person	
	Singular		Singular	
Nom.	ego	*ich*	tū	*du*
Gen.	meī	*meiner*	tuī	*deiner*
Dat.	mihĭ	*mir*	tibĭ	*dir*
Akk.	mē	*mich*	tē	*dich*
Abl.	ā mē	*von mir*	ā tē	*von dir*
	mēcum	*mit mir*	tēcum	*mit dir*

Beachte: Alle Pronomina außer den Possessivpronomina haben im Dat. Sing. den Ausgang -i.

	Plural		Plural	
Nom.	nōs	*wir*	vōs	*ihr*
Gen.	nostrī	*unser*	vestrī	*euer*
	(Gen. obiectīvus)		(Gen. obiectīvus)	
	nostrum	*von uns, unter uns*	vestrum	*von euch, unter euch*
	(Gen. partitīvus)		(Gen. partitīvus)	
Dat.	nōbīs	*uns*	vōbīs	*euch*
Akk.	nōs	*uns*	vōs	*euch*
Abl.	ā nōbīs	*von uns*	ā vōbīs	*von euch*
	nōbīscum	*mit uns*	vōbīscum	*mit euch*

	3. Person oder Sache						Reflexivpronomen (rückbezügliches Fürwort) der 3. Person Singular	
	Singular							
	m	*f*	*n*					
Nom.	(is	ea	id	*er*	*sie*	*es*)	—	
Gen.	eius	eius	eius	*seiner*	*ihrer*	*seiner*	suī	*seiner*
Dat.	eī	eī	eī	*ihm*	*ihr*	*ihm*	sibĭ	*sich*
Akk.	eum	eam	id	*ihn*	*sie*	*es*	sē	*sich*
Abl.	cum eō	eā	eō	*mit ihm*	*ihr*	*ihm*	ā sē	*von sich*
							sēcum	*mit sich*

	Plural				Plural	
	m	*f*	*n*			
Nom.	(eī [iī]	eae	ea	*sie*)	—	
Gen.	eōrum	eārum	eōrum	*ihrer*	suī	*ihrer*
Dat.	eīs (iīs)	eīs (iīs)	eīs (iīs)	*ihnen*	sibĭ̄	*sich*
Akk.	eōs	eās	ea	*sie*	sē	*sich*
Abl.	cum eīs (iīs)	eīs (iīs)	eīs (iīs)	*mit ihnen*	ā sē	*von sich*
					sēcum	*mit sich*

2. Possessivpronomina (besitzanzeigende Fürwörter)

	1. Person	**2. Person**	**3. Person** (reflexiv)
Singular	meus, a, um *mein*	tuus, a, um *dein*	suus, a, um *sein, ihr*
Plural	noster, tra, trum *unser*	vester, tra, trum *euer*	suī, ae, a *ihre*

Merke: Bezeichnet das deutsche Possessivpronomen „sein, ihr“ die gleiche Person wie das Subjekt desselben Satzes, so steht das Reflexivpronomen suus, a, um, sonst die Genetive eius, eōrum, eārum.

Pater amīcum suum visitāvit; amīcus eius aegrōtus est.
Vater hat seinen Freund besucht; sein Freund ist krank.

Agricolae agrōs suōs arant; in agrīs eōrum etiam arborēs sunt.
Die Bauern pflügen ihre Felder; auf ihren Feldern stehen auch Bäume.

Beachte: Das Possessivpronomen steht vor dem Beziehungswort, wenn es stark betont ist, nach dem Beziehungswort, wenn es schwach betont ist, und fehlt, wenn es selbstverständlich ist.

3. Demonstrativpronomina (hinweisende Fürwörter)

Demonstrativpronomina sind

hic, haec, hoc *dieser, diese, dieses; der hier (bei mir)*
ille, illa, illud *jener, jene, jenes; der dort*
iste, ista, istud *dieser da, diese da, dieses da (bei dir)*
is, ea, id *der, die, das; dieser, diese, dieses*; vor dem Relativpronomen:
(Dekl. S. 23) *derjenige, diejenige, dasjenige*

	Singular			Plural		
	m	*f*	*n*	*m*	*f*	*n*
Nom.	hic	haec	hoc	hī	hae	haec
Gen.	huius	huius	huius	hōrum	hārum	hōrum
Dat.	huic	huic	huic	hīs	hīs	hīs
Akk.	hunc	hanc	hoc	hōs	hās	haec
Abl.	hōc	hāc	hōc	hīs	hīs	hīs

	Singular			Plural		
	m	*f*	*n*	*m*	*f*	*n*
Nom.	ille	illa	illud	illī	illae	illa
Gen.	illīus	illīus	illīus	illōrum	illārum	illōrum
Dat.	illī	illī	illī	illīs	illīs	illīs
Akk.	illum	illam	illud	illōs	illās	illa
Abl.	illō	illā	illō	illīs	illīs	illīs

Merke: iste, ista, istud wird wie ille, illa, illud dekliniert, ebenso ipse, ipsa, ips**um** *selbst* außer dem Nominativ und Akkusativ Neutrum des Singulars.

īdem, éadem, idem *derselbe*, *dieselbe*, *dasselbe* hat natürlich dieselben Formen wie is, ea, id, doch lautet der Akk. Sing. eundem, eandem, idem und der Gen. Plur. eōrundem, eārundem, eōrundem.

4. Interrogativpronomina (Fragefürwörter)

1. substantivisch: quis? *wer?*; quid? *was?*; cuius? *wessen?*; cui? *wem?*; quem? *wen?*; quid? *was?*; ā quō? *von wem?*

2. adjektivisch: quī, quae, quod? *welcher*, *welche*, *welches?*

Das adjektivische Fragepronomen ist gleich dem Relativpronomen, z. B.: quī vir? *welcher Mann?*

5. Relativpronomina (bezügliche Fürwörter)

1. **quī, quae, quod** *der*, *die*, *das* (*welcher*, *welche*, *welches*)

Singular	*m*	*f*	*n*			
Nom.	quī	quae	quod	*der*	*die*	*das*
Gen.	cuius	cuius	cuius	*dessen*	*deren*	*dessen*
Dat.	cui	cui	cui	*dem*	*der*	*dem*
Akk.	quem	quam	quod	*den*	*die*	*das*
Abl.	quō	quā	quō	*durch den*	*die*	*das*
Plural	*m*	*f*	*n*			
Nom.	quī	quae	quae	*die*		
Gen.	quōrum	quārum	quōrum	*deren*		
Dat.	quibus	quibus	quibus	*denen*		
Akk.	quōs	quās	quae	*die*		
Abl.	quibus	quibus	quibus	*durch die*		

Merke: is, quī *derjenige*, *welcher;* ea, quae (Plur. Neutrum) *das*, *was.*

2. **Verallgemeinernde Relativpronomina**

substantivisch und adjektivisch: quīcumque, quaecumque, quodcumque
wer (*auch immer*) = *jeder*, *der;* *was* (*auch immer*) = *alles*, *was.*

nur substantivisch: quisquis *wer* (*auch immer*) = *jeder*, *der;*
quidquid *was* (*auch immer*) = *alles*, *was.*

6. Indefinitpronomina (unbestimmte Fürwörter)

substantivisch	**adjektivisch**	
ali-quis, ali-quid	ali-quī, ali-qua, ali-quod	*irgendeiner, jemand*
quis-quam, quic-quam	ūllus, a, um	*irgendeiner*
quī-dam, quae-dam, quid-dam	quī-dam, quae-dam, quod-dam	*ein gewisser*
quis-que, quae-que, quid-que	quis-que, quae-que, quod-que	*jeder einzelne*
quī-vīs, quae-vīs, quid-vīs	quī-vīs, quae-vīs, quod-vīs	*jeder*
quī-libet, quae-libet, quid-libet	quī-libet, quae-libet, quod-libet	*beliebige*

Anmerkungen:

1. Statt **aliquis** kann die Grundform quis stehen, z. B.: sī quis *wenn jemand.* Sī, nisī, nē, num, quō, quantō, cum stoßen immer ali- um.
2. **quisquam** und **ūllus** stehen nur in Sätzen verneinten Inhalts, z. B.: neque quisquam crēdat. *Niemand könnte glauben.*
3. **quīdam** hinter einem Adjektiv steigert, z. B.: admirābilis quaedam est tua virtus. *Deine Tapferkeit ist besonders bewundernswert.*
4. **quisque** steht stets im Anschluß an Pronomina, Ordnungszahlen und Superlative.

Suae quisque fortunae faber est. *Jeder ist seines Glückes Schmied.*
optimus quisque *gerade die Besten, alle Guten.*

Unterscheide: quidem *zwar, aber*; **nē-quidem** *nicht einmal.*

7. Pronominaladjektive

Folgende Adjektive heißen Pronominaladjektive, weil sie teilweise die Endungen der Pronomina haben und auch nach ihrer Bedeutung den Pronomina nahestehen:

ūnus, a, um	*einer, einzig*	uter, utra, utrum	*wer von beiden*
sōlus, a, um	*allein*	uterque, útraque, utrumque	*jeder von beiden, beide*
tōtus, a, um	*ganz*	Gen. utrīusque	
ūllus, a, um	*irgendeiner*	neuter, neutra, neutrum	*keiner v. beiden*
nūllus, a, um	*keiner*	alter, altera, alterum	*der eine, der andere v. beiden*
alius, alia, aliud	*ein anderer*		

Singular	*m*	*f*	*n*
Nom.	tōtus	tōta	tōtum
Gen.	tōtīus	tōtīus	tōtīus
Dat.	tōtī	tōtī	tōtī
Akk.	tōtum	tōtam	tōtum
Abl.	tōtō	tōtā	tōtō

Merkspruch:

ūnus, sōlus, tōtus, ūllus,
uter, alter, neuter, nūllus
alius erfordern alle
-īus in dem zweiten Falle,
doch im Dativ enden sie
stets mit einem langen -ī.

Plural wie bei den Adjektiven der o/a-Deklination.

Merke: 1. Der Genetiv von alius wird durch alterīus ersetzt.
Alius aliud dīxit *Der eine sagte dies, der andere das.*

2. nūllus wird nur adjektivisch verwandt, substantivisch gebraucht man nēmō *niemand*, Gen. nūllīus, Dat. nēminī, Akk. nēminem, Abl. ā nūllō.

8. Korrelativpronomina (Fürwörter der Wechselbeziehung)

tantus — quantus	*so groß — wie (groß)*
tantum — quantum	*so viel — wie (viel)*
tantī — quantī	*so viele — wie (viele)*
tot — quot	*so viele — wie (viele)*
totiēns — quotiēns	*so oft — wie (oft)*
tālis — quālis	*so beschaffen, solch — wie (beschaffen)*

VII. Zahlwörter (Numerālia)

1. Grundzahlen (cardinālia)

Zahlzeichen *arabisch*	*römisch*	*Wie viele?*	*Zahlzeichen* *arabisch*	*römisch*	
1	I	ūnus, a, um *eins, einer*	20	XX	vīgintī
2	II	duo, duae, duo	30	XXX	trīgintā
3	III	trēs, tria	40	XL	quadrāgintā
4	IV	quattuor	50	L	quīnquāgintā
5	V	quīnque	60	LX	sexāgintā
6	VI	sex	70	LXX	septuāgintā
7	VII	septem	80	LXXX	octōgintā
8	VIII	octō	90	XC	nōnāgintā
9	IX	novem	100	C	centum
10	X	decem	200	CC	ducentī, ae, a
11	XI	ūndecim	300	CCC	trecentī
12	XII	duodecim	400	CCCC	quadringentī
13	XIII	trēdecim	500	D	quīngentī
14	XIV	quattuordecim	600	DC	sescentī
15	XV	quīndecim	700	DCC	septingentī
16	XVI	sēdecim	800	DCCC	octingentī
17	XVII	septendecim	900	CM	nōngentī
18	XVIII	duodēvīgintī	1 000	M	mīlle
19	XIX	ūndēvīgintī	2 000	MM	duo mīlia

2. Ordnungszahlen (ōrdinālia)

Der wievielte?

1. prīmus, a, um *der erste*
2. secundus *od.* alter
3. tertius
4. quārtus
5. quīntus
6. sextus
7. septimus
8. octāvus

9. nōnus	60. sexāgēsimus
10. decimus	70. septuāgēsimus
11. ūndecimus	80. octōgēsimus
12. duodecimus	90. nōnāgēsimus
13. tertius decimus	100. centēsimus
14. quārtus decimus	200. ducentēsimus
15. quīntus decimus	300. trecentēsimus
16. sextus decimus	400. quadringentēsimus
17. septimus decimus	500. quīngentēsimus
18. duodēvīcēsimus	600. sescentēsimus
19. ūndēvīcēsimus	700. septingentēsimus
20. vīcēsimus	800. octingentēsimus
30. trīcēsimus	900. nōngentēsimus
40. quadrāgēsimus	1 000. mīllēsimus
50. quīnquāgēsimus	2 000. bis mīllēsimus

Distributivzahlen: *Wie viele jedesmal?* singulī, ae, a *je einer*, bīnī, ae, a *je zwei*, ternī *je drei*, quaternī, quīnī, sēnī, septēnī, octōnī, novēnī, dēnī.

Zahladverbien: *Wie oft?* semel *einmal*, bis *zweimal*, ter *dreimal*, quater, quīnquiēs, sexiēs, septiēs, octiēs, noviēs, deciēs.

3. Deklination und Gebrauch der Zahlwörter

1. Von den Grundzahlen (Kardinalzahlen) werden nur ūnus, duo, trēs, die Hunderter ab 200 und der Plural von mīlle = mīlia dekliniert, während centum und mīlle undeklinierbar sind.

Nom.	ūnus	ūna	ūnum	duo	duae	duo	trēs tria	mīlia
Gen.	ūnīus	ūnīus	ūnīus	duōrum	duārum	duōrum	trium	mīlium
Dat.	ūnī	ūnī	ūnī	duōbus	duābus	duōbus	tribus	mīlibus
Akk.	ūnum	ūnam	ūnum	duō(s)	duās	duo	trēs tria	mīlia
Abl.	ūnō	ūnā	ūnō	duōbus	duābus	duōbus	tribus	mīlibus

Wie duo, duae, duo wird auch ambō, ae, ō *beide* dekliniert.

2. 18 und 19, ebenso 28, 29 usw. werden gewöhnlich durch Subtraktion ausgedrückt: duodēvīgintī, ūndēvīgintī; duodētrīginta, ūndētrīgintā, duodēvīcēsimus, ūndēvīcēsimus; duodētrīcēsimus, ūndētrīcēsimus.

3. Die größere Zahl steht unverbunden vor der kleineren, doch kann bei Zahlen bis 100 die kleinere auch mit „et" vor der größeren stehen: vīgintī trēs oder trēs et vīgintī, aber: ducentī vīgintī trēs; tria mīlia trecentī trīgintā trēs.

4. mīlle ist undeklinierbares Zahladjektiv, aber mīlia wird substantivisch gebraucht mit Gen. partitīvus, wenn kein kleineres Zahlwort folgt: mīlle hominēs, duo mīlia hominum, aber: duo mīlia quīngentī hominēs.

5. Bei Jahreszahlen und Angabe der Tagesstunden werden die Ordnungszahlen (Ordinalzahlen) verwendet:

annō ante Chrīstum nātum (a. Chr. n.) ducentēsimō sextō decimō *im Jahre* 216 *vor Christi Geburt*

annō post Chrīstum nātum (p. Chr. n.) mīllēsimō sescentēsimō duodēquīnquāgēsimō *im Jahre* 1648 *nach Christi Geburt*

hōrā nōnā *um die neunte Stunde* (von Sonnenaufgang an) = *um drei Uhr nachmittags*

6. Bei Multiplikationen gebraucht man die Distributivzahlen:
ter ternī sunt novem (3 · 3 = 9)

VIII. Das Verb (Zeit- oder Tätigkeitswort)

1. Grammatische Begriffe

Die Flexion eines Verbs heißt **Konjugation.**

Bei der Konjugation eines Verbs unterscheidet man:

1. die **Person**: 1. 2. 3. Person
2. den **Numerus**: Singular oder Plural
3. den **Modus** (Aussageweise): Indikativ (Wirklichkeitsform), Konjunktiv (Begehrs- oder Möglichkeitsform), Imperativ (Befehlsform)
4. das **Tempus** (Zeitstufe): Präsens, Imperfekt, Futur I, Perfekt, Plusquamperfekt, Futur II
5. das Genus verbī (Zustandsform): Aktiv (Tatform), Passiv (Leideform).

Verbformen, die durch eine Person bestimmt sind, faßt man als **„verbum fīnītum“** zusammen: Formen des Indikativs, Konjunktivs und Imperativs. Verbformen, die durch keine Person bestimmt sind, bezeichnet man als **„verbum īnfīnītum“**. Zu den infiniten oder Nominalformen gehören

a) Verbalsubstantive: Infinitive, das Gerundium und Supinum

b) Verbaladjektive: die Partizipien und das Gerundivum.

Alle Verbformen eines lateinischen Verbums lassen sich von **drei Stämmen** ableiten:

1. **Präsensstamm:** Von ihm werden alle Formen des Präsens, Imperfekt und Futur I Aktiv und Passiv gebildet einschließlich des Gerundiums und Gerundivums.

2. **Perfektaktivstamm:** Von ihm werden die aktiven Formen des Perfekts, Plusquamperfekts und Futur II gebildet.

3. **Perfektpassiv- oder Supinstamm:** Von ihm werden die passiven Formen des Perfekts, Plusquamperfekts und Futur II gebildet, das Partizip und der Infinitiv des aktiven Futurs und das Supinum.

Deshalb lernt man von jedem lateinischem Verbum die sogenannten **Stammformen:** Infinitiv, 1. P. Sing. Indik. Präsens Aktiv, 1. P. Sing. Indik. Perfekt Aktiv, Partizip Perfekt Passiv (PPP) oder Supinum, z. B.: laudāre, laudō, laudāvī, laudātus oder laudātum.

2. Die einzelnen Stämme

Nach dem **Auslaut des Präsensstammes** unterscheidet man 5 **Konjugationen:**
ā-Konjugation: laudāre *loben*; Präsensstamm: laudā-
ē-Konjugation: monēre *ermahnen*; Präsensstamm: monē-
konsonantische Konjugation: regere *lenken*; Präsensstamm: reg-
langvokalische ī-Konjugation: audīre *hören*; Präsensstamm: audī-
kurzvokalische ĭ-Konjugation: capere *nehmen*; Präsensstamm: capĭ-.

Der **Perfektaktivstamm** wird gebildet

1. durch v- oder u-Erweiterung (**v- oder u-Perfekt**): laudā-re, laud-ō, laudāv-ī, monē-re, mone-ō, monu-ī.
2. durch s-Erweiterung (**s-Perfekt**): scrīb-ere, scrīb-ō, scrīps-ī; dīc-ere, dīc-ō, dīx-ī.
3. durch Dehnung des Stammvokals, teilweise mit qualitativem Ablaut (**Dehnungsperfekt**): vidē-re, vide-ō, vīd-ī; ag-ere, ag-ō, ēg-ī.
4. durch Reduplikation (**Reduplikationsperfekt**): curr-ere, curr-ō, cu-curr-ī; parc-ere, parc-ō, pe-perc-ī.
5. ohne Veränderung des Präsensstammes (**Stammperfekt**): dēfend-ere, dēfend-ō, dēfend-ī; minu-ere, minu-ō, minu-ī.

Der **Perfektpassiv- oder Supinstamm** wird gebildet durch Anhängen von t an den Verbalstamm oder den Wortstock: lauda-t-us, moni-t-us, vic-t-us. Bei den Dentalstämmen wird das t zu s. Der dentale Stammauslaut wird zu s assimiliert (sedēre, ses-s-um; cēdere, ces-s-um; mittere, mis-s-us). Bei vorhergehendem langem Vokal oder Diphthong wird Doppel-s vereinfacht (lūdere, lū-s-um; claudere, clau-s-us). Diese Lautveränderung ist auch auf andere Verben übergegangen (Analogiebildung): currere, cur-s-um; flectere, flex-us.

3. Bildung der Tempora und Modi

Die Verbalformen setzen sich zusammen aus Stamm, Tempus- oder Moduszeichen, Bildevokal und Personalendung.

Personen	Personalendungen: Aktiv	Passiv	Ausgänge Ind. Perf. Akt.	Imperativ
1. *ich*	-ō oder -m	-or oder -r	-ī	
2. *du*	-s	-ris	-istī	-, -e
3. *er, sie, es*	-t	-tur	-it	-tō
1. *wir*	-mus	-mur	-imus	
2. *ihr*	-tis	-minī	-istis	-te
3. *sie*	-nt	-ntur	-ērunt	-ntō

Bildung der Tempora und Modi des Präsensstammes

Merke: Die Formen des Präsensstammes unterscheiden sich im Aktiv und Passiv nur durch die Personalendungen.

Indikativ Präsens Aktiv und Passiv: Präsensstamm und Personalendung. Bei der konsonantischen Konjugation tritt zwischen Stamm und Personalendung der Bildevokal -i-, in der 3. P. Pl. -u-. Den Bildevokal -u- in der 3. P. Pl. haben auch die Verben der langvokalischen und kurzvokalischen i-Konjugation.

lauda-t, monē-tur, audi-t, capi-t; reg-i-t, reg-u-nt; audi-u-nt, capi-u-nt.

Beachte: Kurzes ĭ in unbetonten Mittelsilben wird vor r zu ĕ abgeschwächt:

reg-ĭ-ris > reg-ĕ-ris; capĭ-ris > capĕ-ris.

Indikativ Imperfekt Aktiv und Passiv: Präsensstamm, Tempuszeichen -bā- und Personalendung. Die konsonantische Konjugation und die i-Konjugationen haben vor dem Tempuszeichen den Bildevokal -ē-.

laudā-ba-t, monē-bā-tur, reg-ē-ba-t, audi-ē-ba-t, capi-ē-ba-t.

Futur I Aktiv und Passiv:

ā- und ē-Konjugation: Präsensstamm, Tempuszeichen -b- mit Bildevokal -i-, bzw. -u- in der 3. P. Pl. und Personalendung.

laudā-b-i-t, monē-b-u-nt.

Beachte: laudā-bĭ-ris > laudā-bĕ-ris; monē-bĭ-ris > monē-bĕ-ris.

konsonantische und i-Konjugationen: Präsensstamm, Tempuszeichen -ē-, in der 1. P. Sing. -a- und Personalendung.

reg-a-m, reg-ē-s, reg-e-t; audi-e-t, capi-e-t.

Konjunktiv Präsens Aktiv und Passiv:

ā-Konjugation: Wortstock, Moduszeichen -ē- und Personalendung: laud-e-t. alle anderen Konjugationen: Präsensstamm, Moduszeichen -ā- und Personalendung: mone-a-t, reg-a-t, audi-a-t, capi-a-t.

Konjunktiv Imperfekt Aktiv und Passiv: Präsensstamm, Moduszeichen -rē- und Personalendung. Bei der konsonantischen Konjugation tritt vor das Moduszeichen der Bildevokal -e-, bei der kurzvokalischen i-Konjugation wird nach der obengenannten Regel (siehe Indik. Präsens) das kurze i vor r zu e abgeschwächt: laudā-re-t, monē-re-t, audī-re-t, reg-e-re-t, cape-re-t.

Faustregel: Infinitiv Präsens und Personalendung: laudāre-m.

Bildung der Tempora und Modi des Perfektaktiv- und Supinstammes

Merke: Die Formen der einzelnen Konjugationen unterscheiden sich nur im Präsensstamm. Die Formen des Perfektaktiv- und Supinstammes werden bei allen Konjugationen gleich gebildet.

Indikativ Perfekt Aktiv: Perfektaktivstamm und Ausgänge: ī, istī, it, imus, istis, ērunt.

laudāv-ī, monu-ī, rēx-ī, audīv-ī, cēp-ī.

Indikativ Plusquamperfekt Aktiv: Perfektaktivstamm und Indikativ Imperfekt von esse.

laudāv-eram, monu-eram, rēx-eram, audīv-eram, cēp-eram.

Futur II Aktiv: Perfektaktivstamm und Futur I von esse, in der 3. P. Pl. jedoch -erint statt -erunt.

laudāv-erō, monu-erō, rēx-erō, audīv-erō, cēp-erint.

Konjunktiv Perfekt Aktiv: Perfektaktivstamm, Moduszeichen -eri- und Personalendung.

laudāv-eri-m, monu-eri-m, rēx-eri-m, audīv-eri-m, cēp-eri-m

Beachte: Konjunktiv Perfekt Aktiv und Futur II Aktiv unterscheiden sich nur in der 1. P. Sing.: laudāv-erim — laudāv-erō.

Konjunktiv Plusquamperfekt Aktiv: Perfektaktivstamm und Konjunktiv Imperfekt von esse, dessen Stammvokal -e- zu -i- abgeschwächt wird.

laudāv-issem, monu-issem, rēx-issem, audīv-issem, cēp-issem.

Faustregel: Infinitiv Perfekt Aktiv und Personalendung: laudāvisse-m

Perfekt, Plusquamperfekt, Futur II Passiv, Indikativ und Konjunktiv:
Partizip Perfekt Passiv und Formen des Präsensstammes von esse:
laudātus, monitus, rēctus, audītus, captus sum, eram, erō, sim, essem.

4. Die Konjugationen

1. Verbum fīnītum

Präsens-stamm	Indikativ Präsens Aktiv	Indikativ Imperfekt Aktiv	Futur I Aktiv	Imperativ
ā-Konjugation laudāre *loben*	1. laud-ō *ich lobe* 2. laudā-s 3. lauda-t 1. laudā-mus 2. laudā-tis 3. lauda-nt	laudā-ba-m *ich lobte* laudā-bā-s laudā-ba-t laudā-bā-mus laudā-bā-tis laudā-ba-nt	laudā-b-ō *ich werde loben* laudā-b-i-s laudā-b-i-t laudā-b-i-mus laudā-b-i-tis laudā-b-u-nt	 *lobe*! laudā laudā-tō laudā-te lauda-ntō
ē-Konjugation monēre *ermahnen*	1. mone-ō *ich ermahne* 2. monē-s 3. mone-t 1. monē-mus 2. monē-tis 3. mone-nt	monē-ba-m *ich ermahnte* monē-bā-s monē-ba-t monē-bā-mus monē-bā-tis monē-ba-nt	monē-b-ō *ich werde ermahnen* monē-b-i-s monē-b-i-t monē-b-i-mus monē-b-i-tis monē-b-u-nt	 *ermahne*! monē monē-tō monē-te mone-ntō
konsonantische Konjugation regere *lenken*	1. reg-ō *ich lenke* 2. reg-i-s 3. reg-i-t 1. reg-i-mus 2. reg-i-tis 3. reg-u-nt	reg-ē-ba-m *ich lenkte* reg-ē-bā-s reg-ē-ba-t reg-ē-bā-mus reg-ē-bā-tis reg-ē-ba-nt	reg-a-m *ich werde lenken* reg-ē-s reg-e-t reg-ē-mus reg-ē-tis reg-e-nt	 *lenke*! reg-e[1]) reg-i-tō reg-i-te reg-u-ntō

[1]) **Merke als Ausnahmen:** dīc *sage*, dūc *führe*, fac *mache*, fer *trage*!

langvoka- lische i- Konjuga- tion audīre *hören*	1. audi-ō *ich höre* 2. audī-s 3. audi-t 1. audī-mus 2. audī-tis 3. audi-u-nt	audi-ē-ba-m *ich hörte* audi-ē-bā-s audi-ē-ba-t audi-ē-bā-mus audi-ē-bā-tis audi-ē-ba-nt	audi-a-m *ich werde hören* audi-ē-s audi-e-t audi-ē-mus audi-ē-tis audi-e-nt	*höre!* audī audī-tō audī-te audi-u-ntō
kurzvoka- lische i- Konjuga- tion capere *nehmen*	1. capi-ō *ich nehme* 2. capi-s 3. capi-t 1. capi-mus 2. capi-tis 3. capi-u-nt	capi-ē-ba-m *ich nahm* capi-ē-bā-s capi-ē-ba-t capi-ē-bā-mus capi-ē-bā-tis capi-ē-ba-nt	capi-a-m *ich werde nehmen* capi-ē-s capi-e-t capi-ē-mus capi-ē-tis capi-e-nt	*nimm!* cape capi-tō capi-te capi-u-ntō

Präsensstamm	**Indikativ Präsens Passiv**	**Indikativ Imperfekt Passiv**	**Futur I Passiv**
ā-Konjugation laudāre *loben*	1. laud-or *ich werde gelobt* 2. laudā-ris 3. laudā-tur 1. laudā-mur 2. laudā-minī 3. lauda-ntur	laudā-ba-r *ich wurde gelobt* laudā-bā-ris laudā-bā-tur laudā-bā-mur laudā-bā-minī laudā-ba-ntur	laudā-b-or *ich werde gelobt werden* laudā-b-ĕ-ris laudā-b-i-tur laudā-b-i-mur laudā-b-i-minī laudā-b-u-ntur
ē-Konjugation monēre *ermahnen*	1. mone-or *ich werde ermahnt* 2. monē-ris 3. monē-tur 1. monē-mur 2. monē-minī 3. mone-ntur	monē-ba-r *ich wurde ermahnt* monē-bā-ris monē-bā-tur monē-bā-mur monē-bā-minī monē-ba-ntur	monē-b-or *ich werde ermahnt werden* monē-b-ĕ-ris monē-b-i-tur monē-b-i-mur monē-b-i-minī monē-b-u-ntur
konsonantische Konjugation regere *lenken*	1. reg-or *ich werde gelenkt* 2. reg-ĕ-ris 3. reg-i-tur 1. reg-i-mur 2. reg-i-minī 3. reg-u-ntur	reg-ē-ba-r *ich wurde gelenkt* reg-ē-bā-ris reg-ē-bā-tur reg-ē-bā-mur reg-ē-bā-minī reg-ē-ba-ntur	reg-a-r *ich werde gelenkt werden* reg-ē-ris reg-ē-tur reg-ē-mur reg-ē-minī reg-e-ntur

langvokalische i-Konjugation audīre *hören*	1. audi-or *ich werde gehört* 2. audī-ris 3. audī-tur 1. audī-mur 2. audī-minī 3. audi-u-ntur	audi-ē-ba-r *ich wurde gehört* audi-ē-bā-ris audi-ē-bā-tur audi-ē-bā-mur audi-ē-bā-minī audi-ē-ba-ntur	audi-a-r *ich werde gehört werden* audi-ē-ris audi-ē-tur audi-ē-mur audi-ē-minī audi-e-ntur
kurzvokalische i-Konjugation capere *nehmen*	1. capi-or *ich werde genommen* 2. cape-ris 3. capi-tur 1. capi-mur 2. capi-minī 3. capi-u-ntur	capi-ē-ba-r *ich wurde genommen* capi-ē-bā-ris capi-ē-bā-tur capi-ē-bā-mur capi-ē-bā-minī capi-ē-ba-ntur	capi-a-r *ich werde genommen werden* capi-ē-ris capi-ē-tur capi-ē-mur capi-ē-minī capi-e-ntur

Präsens-stamm	**Konjunktiv Präs. Aktiv**	**Konjunktiv Präs. Passiv**	**Konjunktiv Imperf. Akt.**	**Konjunktiv Imperf. Passiv**
ā-Konjugation laudāre *loben*	1. laud-e-m *ich soll, möge ich könnte, dürfte loben* 2. laud-ē-s 3. laud-e-t 1. laud-ē-mus 2. laud-ē-tis 3. laud-e-nt	laud-e-r (Begehren) (Möglichkeit) *gelobt werden* laud-ē-ris laud-ē-tur laud-ē-mur laud-ē-minī laud-e-ntur	laudā-re-m *ich würde loben* laudā-rē-s laudā-re-t laudā-rē-mus laudā-rē-tis laudā-re-nt	laudā-re-r (Unmöglichkeit) *gelobt werden* laudā-rē-ris laudā-rē-tur laudā-rē-mur laudā-rē-minī laudā-re-ntur
ē-Konjugation monēre *ermahnen*	1. mone-a-m 2. mone-ā-s 3. mone-a-t 1. mone-ā-mus 2. mone-ā-tis 3. mone-a-nt	mone-a-r mone-ā-ris mone-ā-tur mone-ā-mur mone-ā-minī mone-a-ntur	monē-re-m monē-rē-s monē-re-t monē-rē-mus monē-rē-tis monē-re-nt	monē-re-r monē-rē-ris monē-rē-tur monē-rē-mur monē-rē-minī monē-re-ntur
konsonantische Konjugation regere *lenken*	1. reg-a-m 2. reg-ā-s 3. reg-a-t 1. reg-ā-mus 2. reg-ā-tis 3. reg-a-nt	reg-a-r reg-ā-ris reg-ā-tur reg-ā-mur reg-ā-minī reg-a-ntur	reg-e-re-m reg-e-rē-s reg-e-re-t reg-e-rē-mus reg-e-rē-tis reg-e-re-nt	reg-e-re-r reg-e-rē-ris reg-e-rē-tur reg-e-rē-mur reg-e-rē-minī reg-e-re-ntur

langvokalische i-Konjugation audīre *hören*	1. audi-a-m 2. audi-ā-s 3. audi-a-t 1. audi-ā-mus 2. audi-ā-tis 3. audi-a-nt	audi-a-r audi-ā-ris audi-ā-tur audi-ā-mur audi-ā-minī audi-a-ntur	audī-re-m audī-rē-s audī-re-t audī-rē-mus audī-rē-tis audī-re-nt	audī-re-r audī-rē-ris audī-rē-tur audī-rē-mur audī-rē-minī audī-re-ntur
kurzvokalische i-Konjugation capere *nehmen*	1. capi-a-m 2. capi-ā-s 3. capi-a-t 1. capi-ā-mus 2. capi-ā-tis 3. capi-a-nt	capi-a-r capi-ā-ris capi-ā-tur capi-ā-mur capi-ā-minī capi-a-ntur	cape-re-m cape-rē-s cape-re-t cape-rē-mus cape-rē-tis cape-re-nt	cape-re-r cape-rē-ris cape-rē-tur cape-rē-mur cape-rē-minī cape-re-ntur

Perfektaktivstamm	**Indikativ Perfekt Aktiv**		**Indikativ Plusquampf. Aktiv**		**Futur II Aktiv**	
laudāv- monu- rēx- audīv- cēp-	-ī -istī -it -imus -istis -ērunt	*ich habe* *gelobt,* *ermahnt,* *gelenkt,* *gehört,* *genommen*	-eram -erās -erat -erāmus -erātis -erant	*ich hatte* *gelobt,* *ermahnt,* *gelenkt,* *gehört,* *genommen*	-erō -eris -erit -erimus -eritis -erint	*ich werde* *gelobt haben,* *ermahnt,* *gelenkt,* *gehört,* *genommen haben*

Perfektaktivstamm	**Konjunktiv Perfekt Aktiv**		**Konjunktiv Plusquamperfekt Aktiv**	
laudāv- monu- rēx- audīv- cēp-	-erim -eris -erit -erimus -eritis -erint	*ich möge* *gelobt haben,* *ermahnt,* *gelenkt,* *gehört,* *genommen haben*	-issem -issēs -isset -issēmus -issētis -issent	*ich hätte* *gelobt,* *ermahnt,* *gelenkt,* *gehört,* *genommen*

Perfektpassivstamm od. Supinstamm	**Indikativ Perfekt Passiv**		**Indikativ Plusquamperfekt Passiv**		**Futur II Passiv**	
laudāt- us, monit- a, rēct- um audīt- ī, ae, capt- a	sum es est sumus estis sunt	*ich bin ge-* *lobt worden,* *ermahnt,* *gelenkt* *gehört,* *genommen worden*	eram erās erat erāmus erātis erant	*ich war ge-* *lobt worden,* *ermahnt,* *gelenkt,* *gehört,* *genommen worden*	erō eris erit erimus eritis erunt	*ich werde* *gelobt,* *ermahnt,* *gelenkt,* *gehört,* *genommen worden sein*

Perfektpassivstamm oder Supinstamm	Konjunktiv Perfekt Passiv		Konjunktiv Plusquamperfekt Passiv	
laudāt- us, a, um monit- rēct-	sim	*ich sei gelobt worden,*	essem	*ich wäre gelobt worden,*
audīt- ī, ae, a capt-	sīs	*ermahnt,*	essēs	*ermahnt,*
	sit	*gelenkt,*	esset	*gelenkt,*
	sīmus	*gehört,*	essēmus	*gehört,*
	sītis	*genommen worden*	essētis	*genommen worden*
	sint		essent	

2. **Verbum īnfīnītum**

a) **Die Infinitive**

Präsens Aktiv	
laudāre	(*zu*) *loben*
monēre	(*zu*) *ermahnen*
regere	(*zu*) *lenken*
audīre	(*zu*) *hören*
capere	(*zu*) *nehmen*

Präsens Passiv		
laudārī	*gelobt*	(*zu*) *werden*
monērī	*ermahnt*	
regī	*gelenkt*	
audīrī	*gehört*	
capī	*genommen*	

Perfekt Aktiv		
laudāvisse	*gelobt*	(*zu*) *haben*
monuisse	*ermahnt*	
rēxisse	*gelenkt*	
audīvisse	*gehört*	
cēpisse	*genommen*	

Perfekt Passiv		
laudātus, a, um esse	*gelobt*	*worden* (*zu*) *sein*
monitus, a, um esse	*ermahnt*	
rēctus, a, um esse	*gelenkt*	
audītus, a, um esse	*gehört*	
captus, a, um esse	*genommen*	

Futur Aktiv		
laudātūrus, a, um esse	*loben*	*wollen oder werden*
monitūrus, a, um esse	*ermahnen*	
rēctūrus, a, um esse	*lenken*	
audītūrus, a, um esse	*hören*	
captūrus, a, um esse	*nehmen*	

Futur Passiv		
laudātum īrī	*gelobt*	(*zu*) *werden* (in Zukunft)
monitum īrī	*ermahnt*	
rēctum īrī	*gelenkt*	
audītum īrī	*gehört*	
captum īrī	*genommen*	

Supinum I	
laudātum	*um zu loben*
monitum	*um zu ermahnen*
rēctum	*um zu lenken*
audītum	*um zu hören*
captum	*um zu nehmen*

Merke: Der Infinitiv Futur Passiv ist unveränderlich.

Merke: Das Supinum II auf -ū steht als Dativ des Zwecks nur bei einigen Adjektiven, z. B. diffīcile dictū *schwer zu sagen.*

b) **Die Partizipien**

Präsens Aktiv	laudā-ns, Gen. lauda-nt-is *lobend; einer, der lobt*	monē-ns, Gen. mone-nt-is *ermahnend; einer, der ermahnt*	reg-ē-ns, Gen. reg-e-nt-is *lenkend; einer, der lenkt*	audi-ē-ns, Gen. audi-e-nt-is *hörend; einer, der hört*	capi-ē-ns, Gen. capi-e-nt-is *nehmend; einer, der nimmt*

Merke: Das Partizip Präsens Aktiv ist gekennzeichnet durch Präsensstamm, Suffix -nt- und die Ausgänge der gemischten Deklination. Der Singular folgt also der konsonantischen Deklination: Ablativausgang -e, der Plural der i-Deklination: Ausgang Nom. Pl. Neutrum -ia, Gen. Pl. -ium.

Perfekt Passiv	laudāt-us, a, um *gelobt; einer, der gelobt worden ist*	monit-us, a, um *ermahnt; einer, der ermahnt worden ist*	rēct-us, a, um *gelenkt; einer, der gelenkt worden ist*	audīt-us, a, um *gehört; einer, der gehört worden ist*	capt-us, a, um *genommen; einer, der genommen worden ist*

Merke: Das Partizip Perfekt Passiv (PPP) ist gekennzeichnet durch den Supinstamm und die Ausgänge der o/a-Deklination.

Futur Aktiv	laudāt-ūrus, a, um *einer, der loben wird*	monit-ūrus, a, um *einer, der ermahnen wird*	rēct-ūrus, a, um *einer, der lenken wird*	audīt-ūrus, a, um *einer, der hören wird*	capt-ūrus, a, um *einer, der nehmen wird*

Merke: Das Partizip Futur Aktiv ist gekennzeichnet durch den Supinstamm und das Suffix -ūrus, a, um.

c) **Das Gerundivum**

lauda-nd-us, a, um *ein zu lobender; einer, der gelobt werden muß* oder *soll*	mone-nd-us, a, um *ein zu ermahnender; einer, der ermahnt werden muß* oder *soll*	reg-e-nd-us, a, um *ein zu lenkender; einer, der gelenkt werden muß* oder *soll*	audi-e-nd-us, a, um *ein zu hörender; einer, der gehört werden muß* oder *soll*	capi-e-nd-us, a, um *ein zu nehmender; einer, der genommen werden muß* oder *soll*

Merke: Das Gerundivum ist gekennzeichnet durch Präsensstamm, Suffix -nd- und die Ausgänge der o/a-Deklination.

d) **Das Gerundium**

Deklination des Infinitivs Präsens Aktiv

	Infinitiv Präsens	Gerundium	
Nom.	laudāre *das Loben*		
Gen.		lauda-nd-ī	*des Lobens*
Dat.		(lauda-nd-ō	*dem Loben*)
Akk.	laudāre *das Loben*	ad lauda-nd-um	*zum Loben*
Abl.		lauda-nd-ō	*durch das Loben*

Gerundium der übrigen Konjugationen

monendī *des Ermahnens*, monendō, ad monendum, monendō
regendī *des Lenkens*, regendō, ad regendum, regendō
audiendī *des Hörens*, audiendō, ad audiendum, audiendō
capiendī *des Nehmens*, capiendō, ad capiendum, capiendō

Merke: Das Gerundium ist gekennzeichnet durch Präsensstamm, Suffix -nd- und die Ausgänge der o-Deklination im Singular. Es bildet nur Genetiv, Dativ, präpositionalen Akkusativ und Ablativ Singular.

Beachte: Beim Gerundium sind nur die Ausgänge -ī, -ō, -um als Neutrum Singular möglich.

5. Die Deponentien (Verba dēpōnentia)

Begriff: Deponentien sind Verben, die passive Formen, aber aktive oder reflexive Bedeutung haben.

Semideponentien haben aktive Formen im Präsensstamm, aber passive im Perfektstamm außer revertī *zurückkehren*, das passive Formen im Präsensstamm und aktive im Perfektstamm hat.

Merke: Infolge des ursprünglich medialen Charakters der Deponentien gehört das reflexive Verhältnis zu ihrem Wesen und wird deshalb nicht besonders durch das Reflexivpronomen zum Ausdruck gebracht, z. B. glōriārī *sich rühmen.*

ā-Konjug.: cōnārī (cōnā-) *versuchen*, cōnor *ich versuche*, cōnātus sum *ich habe versucht*

ē-Konjug.: verērī (verē-) *sich fürchten*, vereor *ich fürchte mich*, veritus sum *ich habe mich gefürchtet*

kons. Konjug.: loquī (loqu-) *sprechen*, loquor *ich spreche*, locūtus sum *ich habe gesprochen*

langvok. ī-Konjug.: partīrī (partī-) *teilen*, partior *ich teile*, partītus sum *ich habe geteilt*

kurzvok. i-Konjug.: patī (patĭ-) *leiden*, patior *ich leide*, passus sum *ich habe gelitten*

Semideponentien: gaudēre (gaudē-) *sich freuen*, gaudeō *ich freue mich*, gavīsus sum *ich habe mich gefreut*
revertī (revert-) *zurückkehren*, revertor *ich kehre zurück*, revertī, istī *ich bin zurückgekehrt*

Konjugation der Deponentien

		ā-Konjugation cōnārī *versuchen*	**ē-Konjugation** verērī *sich fürchten*	**kons. Konjugation** loquī *sprechen*
Indikativ	Präs.	cōn-or cōnā-ris	vere-or verē-ris	loqu-or loqu-ĕ-ris
	Imperf.	cōnā-ba-r	verē-ba-r	loqu-ē-ba-r
	Fut. I	cōnā-b-or, ĕris	verē-b-or, ĕris	loqu-a-r, -ē-ris
	Perf.	cōnātus sum	veritus sum	locūtus sum
	Plusqpf.	cōnātus eram	veritus eram	locūtus eram
	Fut. II	cōnātus erō	veritus erō	locūtus erō
Konjunkt.	Präs.	cōn-e-r, -ē-ris	vere-a-r, -ā-ris	loqu-a-r, -ā-ris
	Imperf.	conā-re-r, rē-ris	verē-re-r, rē-ris	loqu-e-re-r, -e-rē-ris
	Perf.	cōnātus sim	veritus sim	locūtus sim
	Plusqpf.	cōnātus essem	veritus essem	locūtus essem
Imperativ	2. P. Sg.	cōnā-re	verē-re	loqu-ĕ-re
	2. P. Pl.	cōnā-minī	verē-minī	loqu-i-minī
Infinitiv	Präs.	cōnārī	verērī	loquī
	Perf.	cōnātus, a, um esse	veritus, a, um esse	locūtus, a, um esse
	Fut.	cōnātūrus, a, um esse	veritūrus, a, um esse	locūtūrus, a, um esse
Partizip	Präs.	cōnāns, antis	verēns, entis	loquēns, entis
	Perf.	cōnātus, a, um	veritus, a, um	locūtus, a, um
	Fut.	cōnātūrus, a, um	veritūrus, a, um	locūtūrus, a, um
Gerundivum		cōnāndus, a, um *einer, der versucht werden muß*	verendus, a, um *einer, der gefürchtet werden muß*	loquendus, a, um *einer, der gesprochen werden muß*
Gerundium	Gen.	cōnandī	verendī	loquendī

		langvokalische ī-Konjugation partīrī *teilen*	kurzvokalische i-Konjugation patī *leiden, dulden*
Indikativ	Präs.	partī-or partī-ris	pati-or patĕ-ris
	Imperf.	parti-ē-ba-r	pati-ē-ba-r
	Fut. I	parti-a-r, -ē-ris	pati-a-r, -ē-ris
	Perf.	partītus sum	passus sum
	Plusqpf.	partītus eram	passus eram
	Fut. II	partītus erō	passus erō
Konjunktiv	Präs.	parti-a-r, ā-ris	pati-a-r, ā-ris
	Imperf.	partī-re-r, rē-ris	pate-re-r, rē-ris
	Perf.	partītus sim	passus sim
	Plusqpf.	partītus essem	passus essem
Imperativ	2. P. Sg.	partī-re	patĕ-re
	2. P. Pl.	partī-minī	pati-minī
Infinitiv	Präs.	partīrī	patī
	Perf.	partītus, a, um esse	passus, a, um esse
	Fut.	partītūrus, a, um esse	passūrus, a, um esse
Partizip	Präs.	partiēns, entis	patiēns, entis
	Perf.	partītus, a, um	passus, a, um
	Fut.	partītūrus, a, um	passūrus, a, um
Gerundivum		partiendus, a, um *einer, der geteilt werden muß*	patiendus, a, um *einer, der geduldet werden muß*
Gerundium	Gen.	partiendī	patiendī

6. Unregelmäßige Verben (Verba anōmala)

Das Hilfsverb esse (sum, fuī) *sein*

Präsensstamm: es- oder Schwundstufe s-; Perfektstamm: fu-.

Ind. Präs.	Ind. Imperf.	Futur I	Konj. Präs.
1. s-u-m *ich bin*	er-a-m *ich war*	er-ō *ich werde sein*	s-i-m *ich sei*
2. es	er-ā-s	er-i-s	s-ī-s
3. es-t	er-a-t	er-i-t	s-i-t
1. s-u-mus	er-ā-mus	er-i-mus	s-ī-mus
2. es-tis	er-ā-tis	er-i-tis	s-ī-tis
3. s-u-nt	er-a-nt	er-u-nt	s-i-nt

Konj. Imperf.	Imperativ
1. es-se-m *ich wäre, würde sein* 2. es-sē-s 3. es-se-t 1. es-sē-mus 2. es-sē-tis 3. es-se-nt	 es *sei!* es-tō *du sollst sein, er soll sein!* es-te *seid!* es-tōte *ihr sollt sein!* s-u-ntō *sie sollen sein!*

Ind. Perf.	Ind. Plusqpf.	Futur II	Konj. Perf.
1. fu-ī *ich bin gewesen*	fu-eram *ich war gewesen*	fu-erō *ich werde gewesen sein*	fu-erim *ich sei gewesen*
2. fu-istī	fu-erās	fu-eris	fu-eris
3. fu-it	fu-erat	fu-erit	fu-erit
1. fu-imus	fu-erāmus	fu-erimus	fu-erimus
2. fu-istis	fu-erātis	fu-eritis	fu-eritis
3. fu-ērunt	fu-erant	fu-erint	fu-erint

Konj. Plusqpf.	Partizip Futur
1. fu-issem *ich wäre gewesen* 2. fu-issēs 3. fu-isset 1. fu-issēmus 2. fu-issētis 3. fu-issent	futūrus, a, um *einer, der sein wird* **Infinitiv** Präs. esse *sein* Perf. fuisse *gewesen sein* Fut. futūrus, a, um esse (fore) *sein werden*

Komposita von esse

a) ab-esse absum āfuī — *abwesend sein, entfernt sein*
   abesse ā silvā — *vom Walde entfernt sein*
   ad-esse adsum adfuī — *anwesend sein, helfen*
   adesse amicō — *dem Freund helfen*
   dē-esse dēsum dēfuī — *weg sein, fehlen*
   dēesse cēnae — *beim Essen fehlen*
   inter-esse intersum interfuī — *dazwischen sein, teilnehmen*
   interesse ludō — *am Spiel teilnehmen*
   prae-esse praesum praefuī — *an der Spitze stehen, befehligen*
   praeesse copiīs — *die Truppen befehligen*
   ob-esse obsum obfuī — *schaden*
   super-esse supersum superfuī — *übrig sein, im Überfluß vorhanden sein*

Merke: Bei den Komposita von esse steht der Dativ außer abesse ā *entfernt sein von.*

b) prōd-esse prōsum prōfuī — *nützen*
   posse possum potuī — *können*

Ind. Präs.	prō- sum prōd-es prōd-est prō- sumus prōd-estis prō- sunt	pos-sum pot-es pot-est pos-sumus pot-estis pos-sunt
Impf.	prōd-eram	pot-eram
Fut. I	prōd-erō	pot-erō
Konj. Präs.	prō -sim	pos-sim
Impf.	prōd-essem	pos-sem
Imperativ	prōd-es prōd-este	—

Ind. Perf.	prōfuī	potuī
Plusqpf.	prōfueram	potueram
Fut. II	prōfuerō	potuerō
Konj. Perf.	prōfuerim	potuerim
Plusqpf.	prōfuissem	potuissem
Inf. Präs.	prōdesse	posse
Perf.	prōfuisse	potuisse
Fut.	prōfutūrus, a, um esse	—

Merke: Bei prōdesse bleibt die Grundform prōd- nur vor Vokal e, vor Konsonanten fällt d weg.

Bei posse, entstanden aus pot-se, wird das t vor folgendem s zu s assimiliert.

velle, volō, voluī *wollen*
nōlle, nōlō, nōluī *nicht wollen*
mālle, mālō, māluī *lieber wollen*

Ind. Präs.	1. vol-ō 2. vī-s 3. vul-t 1. vol-u-mus 2. vul-tis 3. vol-u-nt	nōl-ō nōn vīs nōn vult nōl-u-mus nōn vul-tis nōl-u-nt	māl-ō māvīs māvult māl-u-mus māvultis māl-u-nt
Ind. Impf.	vol-ē-ba-m vol-ē-bā-s	nōl-ē-ba-m nōl-ē-bā-s	māl-ē-ba-m māl-ē-bā-s
Fut. I	vol-a-m vol-ē-s	nōl-a-m nōl-ē-s	māl-a-m māl-ē-s
Konj. Präs.	vel-i-m vel-ī-s	nōl-i-m nōl-ī-s	māl-i-m māl-ī-s
Konj. Impf.	vel-le-m vel-lē-s	nōl-le-m nōl-lē-s	māl-le-m māl-lē-s
Imperativ	2. Sg. — 2. Pl. —	nōl-ī nōl-ī-te	— —

Merke: nōlī, nōlīte dienen zum Ausdruck des verneinten Imperativs, z. B. nōlī dēspērāre *verzweifle nicht!* nōlīte flēre *weint nicht!*

Die Tempora und Modi des Perfekts, Plusquamperfekts und Futur II werden regelmäßig gebildet: volu-ī, nōlu-ī, mālu-ī.

ferre, ferō, tulī, lātus *tragen, bringen*

	Aktiv Indik.	Passiv Indik.	Aktiv Konj.	Passiv Konj.
Präs.	1. fer-ō	fer-or	fer-a-m	fer-a-r
	2. fer-s	fer-ris	fer-ā-s	fer-ā-ris
	3. fer-t	fer-tur	fer-a-t	fer-ā-tur
	1. fer-i-mus	fer-i-mur	fer-ā-mus	fer-ā-mur
	2. fer-tis	fer-i-minī	fer-ā-tis	fer-ā-minī
	3. fer-u-nt	fer-u-ntur	fer-a-nt	fer-a-ntur
Impf.	fer-ē-ba-m	fer-ē-ba-r	fer-re-m	fer-re-r
	fer-ē-bā-s	fer-ē-bā-ris	fer-rē-s	fer-rē-ris
Futur I	fer-a-m	fer-a-r	—	—
	fer-ē-s	fer-ē-ris		
Imper.	2. Sg. fer	—	—	—
	2. Pl. fer-te			
Perf.	tul-ī	lātus sum	tul-erim	lātus sim
Plusqpf.	tul-eram	lātus eram	tul-issem	lātus essem
Futur II	tul-erō	lātus erō	—	—

Infinitiv	Aktiv	Passiv
Präs.	ferre	ferrī
Perf.	tulisse	lātus, a, um esse
Fut.	lātūrus, a, um esse	lātum īrī

Partizip	
Präs. Aktiv	ferēns, entis
Perf. Passiv	lātus, a, um
Fut. Aktiv	lātūrus, a, um
Gerundivum	ferendus, a, um
Gerundium	ferendī

Merke: ferre folgt im Präsensstamm der konsonantischen Konjugation, vor r, s, t fällt der Bildevokal weg (Synkope).

īre, eō[1]), iī, itum *gehen*

Ind. Präs.	**Perf.**	**Impf.**	**Plusqpf.**
1. e-ō	i-ī	ī-ba-m	i-eram
2. ī-s	īstī	ī-bā-s	i-erās
3. i-t	i-it	usw.	usw.
		Fut. I	**Fut. II**
1. ī-mus	i-imus	ī-b-ō	i-erō
2. ī-tis	īstis	ī-b-is	i-eris
3. e-u-nt	i-ērunt	usw.	
Konj. Präs.	**Perf.**	**Impf.**	**Plqpf.**
e-a-m	i-erim	ī-re-m	īssem
e-ā-s	i-eris	ī-rē-s	īssēs
usw.	usw.	usw.	usw.

[1]) Der ursprüngliche Präsensstamm ei- wird vor den dunklen Vokalen a, o, u zu e, sonst zu i.

Imper. 2. Sg.	ī *geh!*	**Part. Präs.**	i-ēns, Gen. e-untis
2. Pl.	īte *geht!*	**Fut.**	it-ūrus, a, um
Inf. Präs.	īre	**Gerundivum**	eundum est *man muß gehen*
Perf.	īsse	**Gerundium**	eundī *des Gehens*

Merke: īre bildet nur ein unpersönliches Passiv: ītur *man geht*, itum est *man ist gegangen.* Transitive Komposita von īre, z.B. praeterīre *übergehen*, trānsīre *überschreiten*, haben ein persönliches Passiv.

fierī, fīō, factus sum *werden, gemacht werden, geschehen*

	Indikativ	Konjunktiv		Indikativ	Konjunktiv
Präs.	1. fī-ō 2. fī-s 3. fi-t 1. fī-mus 2. fī-tis 3. fī-u-nt	fī-a-m fī-ā-s fī-a-t fī-ā-mus fī-ā-tis fī-a-nt	**Perf.**	factus, a, um sum	factus, a, um sim
Impf.	fī-ē-ba-m fī-ē-bā-s	fi-e-re-m fi-e-rē-s	**Plusqpf.**	factus, a, um eram	factus, a, um essem
Fut.	fī-a-m fī-ē-s		**Fut. II**	factus, a, um erō	

Inf. Präs.	fierī *werden, gemacht werden, geschehen*
Perf.	factus, a, um esse *geworden sein, gemacht (worden zu) sein, geschehen sein*
Fut.	futūrus, a, um esse = fore *werden, geschehen werden*

Beachte: fierī *gemacht werden* dient als Passiv zu facere, auch bei den Komposita assuefacere *gewöhnen*, patefacere *öffnen*, satisfacere *Genugtuung leisten.* Die Bedeutung „*geschehen*" hat fierī nur in der 3. P. Sg. u. Pl. Neutrum.

Merke: certior fīō dē	*ich werde benachrichtigt von*
saepe fit, ut	*oft kommt es vor, daß*
ita factum est, ut	*so kam es, daß*
fierī potest, ut	*es kann geschehen, daß; es ist möglich, daß*

7. Unvollständige Verben (Verba dēfectīva)

Folgende Verben bilden nur Formen des Perfektaktivstammes mit präsentischer Bedeutung:

meminisse *sich erinnern, gedenken*; memin-ī, -istī, -it usw. *ich erinnere mich*

Imperativ: mementō *gedenke!* mementōte *gedenkt!*

ōdisse *hassen*; ōd-ī, -istī, -it usw. *ich hasse*

C) Satzlehre

I. Satzteile

1. Subjekt und Prädikat

Subjekt (Satzgegenstand) und **Prädikat** (Satzaussage) sind die notwendigen Glieder eines Satzes.

Prädikat kann sein

1. ein Vollverb: discipulus salutat. (verbales Prädikat)

2. ein Nomen (Substantiv oder Adjektiv), das meistens durch ein Hilfsverbum (Kopula) mit dem Subjekt verbunden ist (Prädikatsnomen):

Paulus discipulus est. Paulus sedulus est. (nominales Prädikat) Ars longa, vita brevis.

Subjekt kann sein

1. ein Substantiv: puella cantat; 2. ein Pronomen, bzw. die Person, die in einer finitiven Verbalform enthalten ist: ille monstrat; canta-mus;

3. ein Infinitiv: errare humanum est; 4. ein Nebensatz (Subjektsatz): quae nocent, docent.

2. Übereinstimmung (Kongruenz) zwischen Prädikat und Subjekt

1. **Das verbale Prädikat** stimmt mit dem Subjekt im Numerus überein. Agricola arat; agricolae arant.

2. **Das substantivische Prädikatsnomen** richtet sich nach dem Subjekt im Kasus, wenn möglich auch im Numerus und Genus.

Paulus et Fridericus amici sunt.

3. **Das adjektivische Prädikatsnomen** richtet sich nach dem Subjekt im Kasus, Numerus und Genus.

Puella pulchra est. agricolae laeti sunt. castra magna erant.

Sind die Personen des Subjekts verschiedenen Geschlechts, so steht das Prädikatsadjektiv im Maskulinum.

Pater et mater sani sunt.

4. **Das pronominale Subjekt** richtet sich im Genus und Numerus nach dem substantivischen Prädikatsnomen.

Haec est mea culpa. *Das ist meine Schuld.*

3. Attribut

Begriff: Ein Attribut ist eine nähere Bestimmung eines Substantivs durch ein Adjektiv oder Substantiv.

1. **Das adjektivische Attribut richtet sich nach seinem Beziehungswort im Kasus, Numerus und Genus.**
dominus bonus; ancilla sedula; donum pulchrum.

2. **Das substantivische Attribut** steht meistens im Genetiv.
vita Romanorum; hortus agricolae.

Ein substantivisches Attribut, das im gleichen Kasus wie sein Beziehungswort steht, nennt man eine **Apposition.**

Vergilius poeta; Minerva dea.

4. Prädikatsnomen

Das Prädikatsnomen richtet sich immer im Kasus, wenn möglich auch im Numerus und Genus nach seinem Beziehungswort, das es näher bestimmt. Es steht deshalb bei den eigentlichen Hilfsverben immer im Nominativ, da das Beziehungswort das Subjekt ist.

Cicero consul fuit. Cicero clarus est.

Bei ergänzungsbedürftigen transitiven Verben steht das Prädikatsnomen im Nominativ oder Akkusativ entsprechend dem Kasus seines Beziehungswortes.

Cicero consul creatus est. Romani Ciceronem consulem creaverunt.

5. Prädikativum

Begriff: Das Prädikativum ist eine nähere Bestimmung zu einem Nomen und einem Vollverb. Es stimmt mit seinem Beziehungswort nach Möglichkeit im Kasus, Numerus und Genus überein.

Hannibal **puer** Carthagine discessit, **senex** in patriam revertit. — *Hannibal verließ* **als Knabe** *Karthago,* **als Greis** *kehrte er in seine Vaterstadt zurück.*

Erläuterung: „puer“, bzw. „senex“ ist eine nähere Bestimmung zu Hannibal und dem Vollverb „discessit“, bzw. „revertit“.

Puer und senex sind also Prädikativa.

Milites maesti in castra redierunt. — *Die Soldaten kehrten traurig in das Lager zurück.*

Erläuterung: „maesti“ bezeichnet den seelischen Zustand der Soldaten bei ihrer Rückkehr ins Lager, ist also ein Prädikativum.

Verwendung:

Als Prädikativa werden gebraucht

1. **Substantiva, die ein Amt oder ein Lebensalter bezeichnen:**

consul *als Konsul, im Konsulat*; puer *als Knabe, im Knabenalter*; adulescens *als junger Mann, in seiner Jugend*; senex *als Greis, im Alter*

2. **Adjektive, die einen seelischen oder körperlichen Zustand, eine Reihenfolge, Zahl oder einen Ort bezeichnen:**

laetus	*fröhlich*	primus	*als erster, zuerst*
maestus	*traurig*	postremus	*als letzter, zuletzt*
iratus	*zornig*	unus	*als einziger, allein*
invitus	*widerwillig, wider Willen*	solus	*als einziger, allein*
inscius	*unwissend, ohne Wissen*	rarus	*in geringer Zahl*
vivus	*lebendig, bei Lebzeiten*	frequens	*in großer Zahl*
mortuus	*tot, nach dem Tode*	summus	*zu oberst, auf der Spitze*
incolumis	*unversehrt, wohlbehalten*		
praesens	*in Gegenwart, in Anwesenheit*	medius	*als mittlerer, in der Mitte*
absens	*in Abwesenheit*		

Merke als prädikative Ausdrücke: prima nocte *zu Beginn der Nacht*; prima luce *bei Tagesanbruch*; in summo monte *auf dem Gipfel des Berges.*

6. Der erweiterte einfache Satz

Der einfache Satz, der aus Subjekt und Pradikat besteht, wird erweitert beim **Prädikat**

1. durch **Objekte** (Nomina, Pronomina, Zahlwörter, Infinitive, bzw. a.c.i.) im Akkusativ auf die Frage: wen oder was?, im Dativ auf die Frage: wem?, im Genetiv auf die Frage: wessen?

2. durch **adverbiale Bestimmungen** (Umstandsbestimmungen) zur Bezeichnung des Mittels, des Grundes, des Zweckes, der Art und Weise, der Begleitung, der Zeit und des Ortes im Ablativ, Akkusativ und Dativ besonders auf die Fragen: womit? wodurch? warum? wie? wann und wo?

beim **Subjekt und allen Substantiven**

durch **Attribute** (Adjektive, Partizipien, Pronomina, Zahlwörter, Substantiva im gleichen Kasus, im Genetiv, im Abl. qualitatis und mit einer Präposition).

Eine Sonderstellung nimmt das **Prädikativum** ein, das eine nähere Bestimmung zu einem Nomen und einem Vollverb ist (siehe oben).

bei **Adjektiven** durch adverbiale Bestimmungen und Ergänzungen in den casus obliqui.

bei **Adverbien** durch adverbiale Bestimmungen.

II. Kasuslehre

1. Akkusativ

Der Akkusativ bezeichnet das Objekt bei allen transitiven Verben und das Ziel.

Der **Akkusativ** steht als **Objekt**

1. **bei adaequo, iuvo, caveo, effugio, deficio, ulciscor, sequor, imitor.**

adaequare *gleichkommen*; iuvare *unterstützen, helfen*; cavere *sich hüten vor*; effugere *entfliehen*; deficere *verlassen, mangeln*; ulcisci *sich rächen an*; sequi *folgen*; imitari *nachahmen.*

Fortes fortuna adiuvat. *Dem Mutigen hilft das Glück.*
Vires me deficiunt. *Die Kräfte verlassen mich.*

Merke: animo deficere *den Mut sinken lassen.*
a Romanis deficere *von den Römern abfallen.*

2. **bei den Verben des Affekts,** z. B. dolere, maerere, lugere *traurig, betrübt sein über,* ridere *lachen über,* mirari *sich wundern über,* queri *sich beklagen über,* horrere *schaudern, zittern vor.*

Dolemus morbum matris. *Wir sind traurig über die Krankheit der Mutter.*
Miror industriam tuam. *Ich wundere mich über deinen Fleiß.*

3. **in Ausrufen:** Heu, me miserum! *Ach, ich Armer!*

4. **als doppeltes Objekt bei docere** *lehren, unterrichten,* **celare** *verheimlichen,* **poscere, flagitare** *fordern.*

Magister nos linguam Latinam docet. *Der Lehrer unterrichtet uns in der lateinischen Sprache.*
Caesar Haeduos frumentum flagitavit. *Cäsar forderte von den Häduern Getreide.*

5. **als Objekt und Prädikatsnomen bei: haben, halten und erkennen, machen, wählen und ernennen, ferner nennen und erklären, auch sich zeigen, sich bewähren.**

habere *haben;* putare, ducere, existimare *halten;* cognoscere *erkennen;* facere, reddere *machen;* creare *wählen;* dicere *ernennen;* nominare *nennen;* iudicare *erklären;* se praebere *sich zeigen;* se praestare *sich bewähren.*

Te amicum fidum puto. *Ich halte dich für einen treuen Freund.*
Milites se fortes praestiterunt. *Die Soldaten zeigten sich tapfer.*

Merke: Treten diese Verben ins Passiv, so steht statt des doppelten Akkusativs der doppelte Nominativ.

Cicero consul creatus est. *Cicero wurde zum Konsul gewählt.*
Filius Dei homo factus est. *Der Sohn Gottes ist Mensch geworden.*

Der **Akkusativ** steht als **adverbiale Bestimmung**

1. zur Bezeichnung des **Zieles** auf die Frage: wohin?

ohne Präposition bei Städtenamen und kleineren Inseln.

Romam proficiscemur. *Wir werden nach Rom reisen.*
Rhodum navigabimus. *Wir werden nach Rhodos fahren.*

2. zur Bezeichnung des **Zieles** auf die Frage: wohin? (im Deutschen meist: wo?) **bei Verben der Bewegung:**

appello, abdo, confero, concurro, cogo, contraho, advenio, convenio, devertor sowie nuntio.

appellere (naves) *landen;* abdere *verbergen;* conferre *zusammentragen;* concurrere *zusammenlaufen;* cogere *zusammentreiben, versammeln;* contrahere *zusammenziehen;* advenire *ankommen;* convenire *zusammenkommen, sich versammeln;* deverti *einkehren;* nuntiare *melden.*

Germani in silvas se abdiderunt. *Die Germanen verbargen sich in den Wäldern.*

Senatores in curiam conveniunt. *Die Senatoren versammeln sich im Rathaus.*

3. zur Bezeichnung der **Ausdehnung in Raum und Zeit** auf die Fragen: wie hoch, wie tief, wie lang, wie breit, wie weit, wie alt, wie lange Zeit?

Graeci Troiam decem annos obsederunt. *Die Griechen belagerten Troja zehn Jahre lang.*

Senex annos octoginta natus est. *Der Greis ist 80 Jahre alt.*

2. Dativ

Der Dativ bezeichnet das Objekt vor allem bei intransitiven Verben und den Zweck.

Der **Dativ** steht als **Objekt**

1. **bei medeor, studeo, faveo, invideo, persuadeo, parco sowie nubo.**

mederi *heilen;* studere *sich bemühen um;* favere *begünstigen;* invidere *beneiden;* persuadere *überreden, überzeugen;* parcere *schonen;* nubere *heiraten.*

Factis tuis mihi persuasisti. *Durch deine Taten hast du mich überzeugt.*

Nemini parcetur. *Niemand wird geschont werden.*

2. **bei Verben mit Bedeutungswechsel:**

consulere, providere, prospicere *sorgen für;* timere, metuere *fürchten für;* temperare *schonen, mäßigen.*

Parentes liberis consulunt. *Die Eltern sorgen für ihre Kinder.*

Vitae tuae timemus. *Wir fürchten für dein Leben.*

3. **bei esse** *haben, besitzen* und **den Komposita von esse.**

Patri meo domus est. *Mein Vater besitzt ein Haus.*

Marius exercitui praeerat. *Marius stand an der Spitze des Heeres.*

4. **auf die Frage: wofür? als dativus commodi oder incommodi zur Bezeichnung des Vorteils oder Nachteils.**

Non scholae, sed vitae discimus. *Nicht für die Schule, sondern für das Leben lernen wir.*

5. **auf die Fragen: für wen?, von wem? als dativus auctoris.**

Patria nobis liberanda est. *Wir müssen das Vaterland befreien.*

Sua cuique sors est ferenda. *Jeder muß sein Los tragen.*

Der **Dativ** steht als **adverbiale Bestimmung des Zwecks** auf die Frage: wozu? **(dativus finalis).**

1. **bei venire** *kommen,* **arcessere** *herbeiholen,* **mittere** *schicken,* **relinquere** *zurücklassen,* **deligere** *auswählen.*

Auxilio venite! *Kommt zu Hilfe!*

Caesar quinque cohortes castris praesidio reliquit. *Cäsar ließ fünf Kohorten zum Schutz des Lagers zurück.*

2. **bei esse mit doppeltem Dativ: dienen zu, gereichen zu.**

Fortuna tua mihi curae est. *Dein Schicksal macht mir Sorge.*

Formica vobis exemplo sit! *Die Ameise soll euch ein Vorbild sein!*

3. **bei dare, tribuere mit doppeltem Dativ: anrechnen als, auslegen.**

Constantia tua tibi laudi datur. *Deine Standhaftigkeit wird dir zum Lob angerechnet.*

Verba tua tibi ignaviae tribuuntur. *Deine Worte werden dir als Feigheit ausgelegt.*

3. Ablativ

Der Ablativ ist der Kasus der adverbialen Bestimmungen, d. h. er dient zum Ausdruck der näheren Umstände, unter denen sich die Handlung des Prädikats vollzieht.

Der Ablativ steht als **Separativus, Locativus, Sociativus** und **Instrumentalis.**

Der **ablativus separativus** bezeichnet auf die **Fragen: woher, wovon?**

1. die **Trennung bei Verben und Adjektiven.**

Caesar hostes commeatu interclusit. *Cäsar schnitt den Feinden die Zufuhr ab.*

Homines numquam cura liberi erunt. *Die Menschen werden niemals frei von Sorge sein.*

2. den **Ausgangspunkt des Ortes bei Städtenamen und kleineren Inseln.**

Hannibal puer Carthagine discessit. *Hannibal verließ als Knabe Karthago.*

Navis Delo nondum revertit. *Das Schiff ist noch nicht von Delos zurückgekehrt.*

3. den **Ausgangspunkt des Vergleichs bei Komparativen** statt quam mit Nominativ oder Akkusativ **(ablativus comparationis).**

Terra sole minor est. *Die Erde ist kleiner als die Sonne.*

Frumentum homini auro utilius est. *Getreide ist für den Menschen nützlicher als Gold.*

4. den **Ausgangspunkt der Herkunft bei natus und ortus (abl. originis).**

Caesar nobilissimo genere ortus est. *Cäsar stammt aus hohem Adel.*

Cicero equestri ordine natus erat. *Cicero stammte aus dem Ritterstand.*

Der **ablativus locativus** bezeichnet auf die **Frage: wo?**

1. den **Ort** ohne Präposition **bei Städtenamen und kleineren Inseln.**

Complures dies Athenis versati sumus. *Mehrere Tage hielten wir uns in Athen auf.*

Multa artificia Romae (Roma-i) vidi. *Viele Kunstwerke habe ich in Rom gesehen.*

Beachte: Bei den Singularia der a- und o-Deklination steht auf die Frage: wo? der scheinbare Genetiv: Romae, Corinthi.

2. den **Ort bei den Verben: pono, loco, colloco, statuo, constituo, consisto und consido.**

ponere, locare, collocare *stellen, setzen, legen;*

consistere *sich stellen;* considere *sich setzen.*

Caesar spem in celeritate posuit. *Cäsar setzte seine Hoffnung auf die Schnelligkeit.*

Cives in muro constiterunt. *Die Bürger stellten sich auf die Mauer.*

3. **auf die Frage: wann? ohne Präposition den Zeitpunkt (ablativus temporis).**

Aves autumno in terras calidiores avolant, vere revertuntur. *Die Vögel fliegen im Herbst in wärmere Länder, im Frühling kehren sie zurück.*

Der **ablativus sociativus** bezeichnet

1. **auf die Frage: mit wem? die begleitende Person oder den begleitenden Umstand (ablativus sociativus).**

Magister cum discipulis castellum Romanorum visitavit. *Der Lehrer besuchte mit den Schülern das römische Kastell.*

Mater nuntium tristem multis cum lacrimis audivit. *Die Mutter hörte die traurige Nachricht unter vielen Tränen.*

2. **auf die Frage: wie, auf welche Weise? die Art und Weise (abl. modi).**

Magna voluptate oratorem audivi. *Mit großem Vergnügen habe ich den Redner gehört.*

Cum diligentia id opus perfeci. *Mit Sorgfalt habe ich dieses Werk vollendet.*

3. **mit Attribut die Eigenschaft (ablativus qualitatis).**

Germani ingenti magnitudine corporum erant. *Die Germanen hatten Körper von gewaltiger Größe.*

Der **ablativus instrumentalis** bezeichnet

1. **auf die Fragen: womit, wodurch? das Mittel oder Werkzeug (abl. instrumentalis).**

Puella mensam aqua purgat. *Das Mädchen säubert den Tisch mit Wasser.*

Copiae flumen navibus transierunt. *Die Truppen überschritten den Fluß auf Schiffen.*

2. **auf die Fragen: wodurch, infolge wovon? die Ursache bei Verben und Adjektiven des Affekts:** gaudere, laetari *sich freuen;* dolere *traurig sein über;* gloriari *sich rühmen;* laetus *froh über;* maestus *traurig über;* superbus *stolz auf* **(ablativus causae).**

Nuntio tuo valde laetatus sum. *Über deine Nachricht habe ich mich sehr gefreut.*

Victoria sua superbus est. *Er ist stolz auf seinen Sieg.*

3. **den Preis bei den Verben des Kaufens, Verkaufens und Kostens:**
emere *kaufen;* vendere *verkaufen;* venire *verkauft werden;* stare, constare *kosten* **(ablativus pretii).**

Hunc librum parvo emi. *Dieses Buch habe ich billig gekauft.*

Merces bonae magno constant. *Gute Waren sind teuer.*

4. **auf die Frage: um wieviel? den Unterschied bei Komparativen und komparativischen Begriffen (ablativus mensurae).**

Paulo post legati reverterunt. *Bald darauf kehrten die Gesandten zurück.*

Quo quis sapientior est, eo modestior esse solet. *Je weiser einer ist, desto bescheidener pflegt er zu sein.*

5. **auf die Frage: in welcher Hinsicht? eine nähere Bestimmung oder Einschränkung (ablativus limitationis).**

Maior natu sum quam frater meus. *Ich bin älter als mein Bruder.*

Helvetii reliquis Gallis virtute praestabant. *Die Helvetier übertrafen die übrigen Gallier an Tapferkeit.*

Der **ablativus instrumentalis steht**

1. **bei den Adjektiven: confisus und fretus, contentus, assuetus, dignus, indignus und praeditus.**

confisus und fretus *im Vertrauen auf;* contentus *zufrieden mit;* assuetus *gewöhnt an;* dignus *würdig;* indignus *unwürdig;* praeditus *begabt mit.*

Sorte mea contentus sum. *Ich bin mit meinem Schicksal zufrieden.*

2. **bei den Deponentien: utor, fruor, fungor, potior, vescor, nitor und bei opus est.**
uti *gebrauchen;* frui *genießen;* fungi *verwalten, verrichten;* potiri *sich bemächtigen;* vesci *sich ernähren;* niti *sich stützen auf;* opus esse *etwas nötig haben.*

Utere viribus tuis! *Gebrauche deine Kräfte!*

Magistratus munere suo optime functus est. *Der Beamte hat sein Amt sehr gut verwaltet.*

Mihi pecuniā opus est. *Ich habe Geld nötig.*

4. Genetiv

Der Genetiv wird hauptsächlich als Attribut oder Prädikatsnomen, aber auch als Objekt verwandt.

Der **Genetiv** steht als **Objekt**

1. **bei den Verben des Erinnerns und Vergessens:** reminisci, meminisse *sich erinnern;* oblivisci *vergessen.*

Maiorum nostrorum semper meminerimus. *Wir werden immer an unsere Vorfahren denken.*

Numquam beneficiorum tuorum (beneficia tua) obliviscemur. *Niemals werden wir deine Wohltaten vergessen.*

Aber: Recordor de amico tuo. *Ich erinnere mich an deinen Freund.*

Admoneo te de amicitia nostra. *Ich erinnere dich an unsere Freundschaft.*

2. **bei den Verben der Gerichtssprache zur Bezeichnung des Vergehens:** accusare *anklagen;* arguere *beschuldigen;* coarguere, convincere *überführen;* damnare, condemnare *verurteilen;* absolvere *freisprechen* **(genetivus criminis).**

Reus caedis convictus est. *Der Angeklagte ist des Mordes überführt worden.*

3. **bei den unpersönlichen Verben: piget, pudet, paenitet, taedet sowie miseret zur Bezeichnung der Ursache der Empfindung.**

me piget *ich ärgere mich;* me pudet *ich schäme mich;* me paenitet *es reut mich;* me taedet *es ekelt mich, ich habe es satt;* me miseret *es erbarmt mich, ich habe Mitleid.*

Te paenitebit pigritiae tuae. *Du wirst deine Faulheit bereuen.*

Nos piget stultitiae nostrae. *Wir ärgern uns über unsere Torheit.*

Der **Genetiv** bezeichnet als **Attribut**

1. **das Subjekt einer Tätigkeit oder Empfindung (genetivus subiectivus).**

Amor matris numquam desinet. *Die Liebe der Mutter wird niemals aufhören.*

2. **das Objekt einer Tätigkeit oder Empfindung (genetivus obiectivus)**

a) bei **Substantiven.**

Timor Dei initium sapientiae est. *Die Ehrfurcht vor Gott ist der Anfang der Weisheit.*

Desiderium tui magnum est. *Die Sehnsucht nach dir ist groß.*

b) bei den **Adjektiven: begierig, kundig, eingedenk, teilhaftig, mächtig, voll und deren Gegenteil.**

cupidus, avidus *begierig;* peritus, gnarus *erfahren, kundig;* imperitus, ignarus *unerfahren;* memor *eingedenk;* immemor *uneingedenk;* particeps *teilhaftig;* expers *unteilhaftig;* compos, potens *einer Sache mächtig;* plenus *voll von.*

Homo particeps est rationis. *Der Mensch besitzt Vernunft.*

Multi homines cupidi pecuniae sunt. *Viele Menschen sind gierig nach Geld.*

c) bei **Partizipien des Präsens, die eine bleibende Eigenschaft ausdrücken:**

amans patriae *vaterlandsliebend, patriotisch;* appetens gloriae *ehrgeizig;* officii neglegens *pflichtvergessen;* fugiens laborum *arbeitsscheu;* patiens laborum *gegen Strapazen abgehärtet.*

Romani appetentes gloriae erant. *Die Römer waren ehrgeizig.*

3. **eine Gesamtheit, von der das Beziehungswort einen Teil angibt,** bei Ausdrücken der Menge und des Maßes, Komparativen, Superlativen, Ordinalzahlen, Pronomina und Adverbien (**genetivus partitivus**).

Multitudo hominum in foro est. *Eine Menge Menschen befindet sich auf dem Marktplatz.*

Fortissimi omnium Graecorum Lacedaemonii erant. *Die tapfersten von allen Griechen waren die Spartaner.*

Quis vestrum hoc fecit? *Wer von euch hat das gemacht?*

Der Genetiv bezeichnet

1. **attributiv** den **Eigentümer,**

prädikativ den **Eigentümer oder die Eigentümlichkeit bei esse** *gehören, sich gehören* (**genetivus possessivus**).

Domus poetae clara est. *Das Haus des Dichters ist berühmt.*

Domus poetae est. *Das Haus gehört dem Dichter.*

Liberorum est parentibus parere. *Es ist die Pflicht der Kinder, den Eltern zu gehorchen.*

2. **attributiv und prädikativ mit einem Attribut die Eigenschaft,** besonders bei Wert- und Zahlangaben (**genetivus qualitatis**).

Vir magni ingenii hunc librum scripsit. *Ein Mann von großem Geist hat dieses Buch geschrieben.*

Classis Graecorum trecentarum navium erat. *Die Flotte der Griechen zählte 300 Schiffe.*

3. **prädikativ** den **allgemeinen Wert bei aestimare, putare, facere, ducere** *schätzen, achten*; **bei esse und fieri** *wert sein, gelten* (**genetivus pretii**).

Merke die allgemeinen Wertangaben: magni, pluris, plurimi, parvi, minoris, minimi, tanti, quanti, nihili.

Hunc hominem plurimi aestimo. *Diesen Menschen schätze ich sehr hoch.*

Litterae tuae mihi magni sunt. *Deine Briefe sind mir viel wert.*

III. Präpositionen (Verhältniswörter)

Vorbemerkung: Präpositionen geben mit einem Substantiv oder Pronomen (präpositionaler Ausdruck) in der Regel eine adverbiale Bestimmung an. Sie werden örtlich (a silva – *vom Walde her*), zeitlich (a pueritia – *von Jugend an*) und übertragen (ab amico – *vom Freunde*) gebraucht.

Verwendung:

1. **Beim Ablativ stehen ā, ab, ē, ex und dē, cum und sine, prō und prae.**
2. **Beim Ablativ und Akkusativ stehen in und sub.**
3. **Alle anderen Präpositionen stehen beim Akkusativ.**

1. Präpositionen beim Ablativ

ā **ab** (vor Vokalen und h)	= **von, von — her**	Discipuli a schola domum properant. *Die Schüler eilen von der Schule nach Hause.* Ancilla ab agricola pecuniam postulat. *Die Magd fordert von dem Bauern Geld.*
ex, ē (vor Konsonanten möglich)	= **aus**	Femina ex fenestra spectat. *Die Frau schaut aus dem Fenster.*
dē	= **von — herab, von, über**	Romani de vallo tela iactant. *Die Römer werfen vom Wall herab Geschosse.* Tacitus de vita Germanorum narrat. *Tacitus erzählt vom Leben der Germanen.*
cum	= **mit, in Begleitung von**	Cum poeta in horto ambulabam. *Ich ging mit dem Dichter im Garten spazieren.*
sine	= **ohne**	Vita sine amicitia maesta est. *Das Leben ist ohne Freundschaft traurig.*
prō	= **für**	Arminius pro patria pugnat. *Arminius kämpft für das Vaterland.*
prae	= **vor, wegen**	Mater prae gaudio lacrimavit. *Mutter weinte vor Freude.*

2. Präpositionen beim Ablativ und Akkusativ

in beim Ablativ (Frage: wo?)	= **in, an, auf**	In villa pulchra habitamus. *Wir wohnen in einem schönen Landhaus.* Pueri in ripa fluvii sunt. *Die Knaben sind am Ufer des Flusses.*
in beim Akkusativ (Frage: wohin?)	= **in, auf, nach, gegen**	Cervus in silvam properat. *Der Hirsch eilt in den Wald.* Germani in Italiam migrant. *Die Germanen wandern nach Italien.*
sub beim Ablativ (Frage: wo?)	= **unter**	Multae bestiae sub terra habitant. *Viele Tiere wohnen unter der Erde.*
sub beim Akkusativ (Frage: wohin?)	= **unter**	Columba sub tectum volat. *Die Taube fliegt unter das Dach.*

3. Präpositionen beim Akkusativ

ad	= (bis) **zu,** **an, bei**	ad ripam *zum Ufer* ad portam *beim Tor*
ante	= **vor**	ante Christum natum *vor Christi Geburt*
apud	= **bei** (meist bei Personen)	apud Helvetios *bei den Helvetiern*
contrā	= **gegen** (feindlich)	contra patriam *gegen das Vaterland*

inter	= **zwischen, unter**	inter lacus *zwischen den Seen* inter amicos *unter Freunden*
ob	= **wegen**	ob eam rem *wegen dieser Sache, deswegen*
per	= **durch, durch – hindurch**	per silvam *durch den Wald* per multos annos *viele Jahre hindurch*
post	= **hinter, nach, seit**	post Christum natum *nach Christi Geburt*
praeter	= **vorbei an, außer**	praeter castra *am Lager vorbei*
prope	= **nahe bei**	prope vicum *nahe beim Dorf*
propter	= **wegen**	propter iniuriam *wegen der Ungerechtigkeit*
super	= **über, über – hinaus**	super urbem *über der Stadt* super fines *über die Grenzen hinaus*
trāns	= **jenseits**	trans Rhenum *jenseits des Rheines*

IV. Die Nominalkonstruktionen

1. Der a. c. i. (accūsātīvus cum īnfīnitīvō)

Audio amicum venire. *Ich höre den Freund kommen.*
Ich höre, daß der Freund kommt.

Von „audio" ist abhängig

1. das Akkusativobjekt „amicum", 2. der Infinitiv „venire", also **ein Akkusativ mit Infinitiv.**

Audire *hören* ist ein Verbum des sinnlichen Wahrnehmens, ein Verbum sentiendi.

Audio amicum venisse. *Ich höre, daß der Freund gekommen ist.*

„Amicum" bezeichnet man als **Subjektsakkusativ,** d.h. dieser Akkusativ ist Subjekt des Infinitivs. Der Akkusativ wird im Deutschen Subjekt des Nebensatzes, der Infinitiv „venisse" wird zum Prädikat.

Anmerkung zum Übersetzen des a. c. i. ins Deutsche:

1. Bilde aus dem a. c. i. zunächst einen Nebensatz mit „daß"!
2. Mache den Akkusativ zum Subjekt des Nebensatzes, den Infinitiv zum Prädikat!
3. Vermeide möglichst die Konjunktion „daß" bei der endgültigen Übersetzung!

Prädikatsnomen beim a. c. i.:

Das **Prädikatsnomen** beim a. c. i. steht natürlich auch wie sein Beziehungswort, der Subjektsakkusativ, im **Akkusativ.**

Scimus te beatum esse. *Wir wissen, daß du glücklich bist.*

Video vos nuntio laetatos esse. *Ich sehe, ihr habt euch über die Nachricht gefreut.*

Reflexivpronomen beim a. c. i.:

Regel: Steht beim a. c. i. ein Reflexivpronomen, so bezieht es sich auf das Subjekt des übergeordneten Verbums. Im Deutschen wird das Reflexivpronomen durch das Personalpronomen der 3. Person ausgedrückt.

Paulus nescit **se** aegrotum esse. *Paul weiß nicht, daß er krank ist.*

aber: Arbitror eum sanum non esse. *Ich glaube, er ist nicht gesund.*

Discipuli se satis didicisse putaverunt. *Die Schüler glaubten, sie hätten genug gelernt.*

Discipuli pigritiam sibi nocere saepe non intellegunt. *Die Schüler sehen oft nicht ein, daß Faulheit ihnen schadet.*

Tempora des Infinitivs beim a. c. i.:

Der **Infinitiv** gibt das **Zeitverhältnis** der Handlung des a. c. i. zu dem Verb an, von dem der a. c. i. abhängig ist, **nicht die Zeitstufe.**

Bei **Gleichzeitigkeit** der Handlungen steht der **Infinitiv Präsens.**

Bei **Vorzeitigkeit** der Handlung des a. c. i. steht der **Infinitiv Perfekt.**

Bei **Nachzeitigkeit** der Handlung des a. c. i. steht der **Infinitiv Futur.**

Pater dicit (dixit) amicum meum venire, venisse, venturum esse.

Imperator dicit (dixit) captivos liberari, liberatos esse, liberatum iri.

Merke: Der Infinitiv Futur Passiv ist unveränderlich: iri mit Supinum auf -um.

Merke: Esse wird beim Infinitiv des a. c. i. oft **weggelassen.**

Caesar pollicitus est sibi eam rem curae futuram. *Cäsar versprach, sich um diese Angelegenheit zu kümmern.*

Der a. c. i. als Objekt

1. **Der a. c. i. steht bei den Verba dicendi zum Ausdruck einer Behauptung und den Verba sentiendi.**

Verba dicendi = Verben des Sagens.

Verba sentiendi = Verben des sinnlichen und geistigen Wahrnehmens.

Mater patrem in horto esse dicit. *Mutter sagt, Vater sei im Garten.*
Credimus mundum a deo regi. *Wir glauben, daß Gott die Welt regiert.*

Merke: Wenn von einem **Verbum dicendi** ein **Begehren** abhängig ist, steht **Finalsatz.**

Mater dicit, ut Paulus patrem adiuvet. *Mutter sagt, Paul soll Vater helfen.*

Verba dicendi: Abhängige Behauptung = a. c. i.
Begehren = Finalsatz, eingeleitet mit ut oder nē.

Beachte: Bei **monere** a. c. i.: *erinnern*; bei monere Finalsatz: *ermahnen.*

Bei **persuadere** a. c. i.: *überzeugen*; bei persuadere Finalsatz: *überreden.*

Bei **concedere** a. c. i.: *zugeben*; bei concedere Finalsatz: *erlauben.*

Zusatz: Bei den **Verben der Sinneswahrnehmung** kann statt des a. c. i. auch der **Akkusativ mit Partizip** stehen, wenn die Person oder Sache als tätig dargestellt werden soll.

Audio infantem clamantem. *Ich höre, wie das kleine Kind gerade schreit.*

Video puellas ludentes. *Ich sehe, wie die Mädchen gerade spielen.*

Merke: Nach **sperare** *hoffen*, **promittere, polliceri** *versprechen*, **iurare** *schwören*, **minari** *drohen* steht der **a. c. i. futuri** bei zukünftiger Handlung, im Deutschen dagegen meistens das Präsens.

Spero te venturum esse. *Ich hoffe, du kommst.*

Discipulus se sedulum futurum esse promisit. *Der Schüler versprach, fleißig zu sein.*

aber: Iuramus nos verum dixisse. *Wir schwören, die Wahrheit gesagt zu haben.*

2. **Der a. c. i. steht bei den Verben des Affekts.**

Doleo matrem tuam aegrotam esse. *Es tut mir leid, daß deine Mutter krank ist.*

Miror te venisse. *Ich wundere mich, daß du gekommen bist.*

Merke: Bei den Verben des Affekts kann statt des a. c. i. auch ein Nebensatz mit „quod“ stehen (faktisches quod).

3. **Der a. c. i. steht bei iubere** *heißen, befehlen*, **vetare** *verbieten*, **sinere, pati** *zulassen.*

Iubeo vos statim redire. *Ich befehle euch, sofort zurückzukommen.*

Veto te in flumine natare. *Ich verbiete dir, im Fluß zu schwimmen.*

Merke: Wenn die Person, der etwas befohlen oder verboten wird, nicht genannt ist, so steht der passive Infinitiv.

Caesar castra muniri iussit. *Cäsar ließ das Lager befestigen.*

aber: Caesar milites castra munire iussit. *Cäsar befahl den Soldaten, das Lager zu befestigen.*

Merke: imperare *befehlen* steht immer mit Finalsatz.

4. **Der a. c. i. steht bei velle** *wollen*, **nolle** *nicht wollen*, **malle** *lieber wollen*, **cupere** *wünschen*, **wenn der Infinitiv ein eigenes Subjekt hat.**

Volo vos omnes contentos esse. *Ich will, daß ihr alle zufrieden seid.*

Parentes liberos beatos esse cupiunt. *Die Eltern wünschen, daß ihre Kinder glücklich sind.*

Merke: Bei gleichem Subjekt steht bei velle, nolle, malle, cupere der Infinitiv.

Ex urbe exire volumus. *Wir wollen die Stadt verlassen.*

Merke: optare *wünschen* steht immer mit Finalsatz.

Der a. c. i. als Subjekt

Der a. c. i. steht bei unpersönlichen Verben und Ausdrücken, wenn der Infinitiv ein eigenes Subjekt hat.

Legem brevem esse oportet. *Ein Gesetz muß kurz sein.*

Te erravisse humanum est. *Es ist menschlich, daß du geirrt hast.*

aber: Errare humanum est. *Irren ist menschlich.*

Unpersönliche Verben und Ausdrücke:

oportet	*es gehört sich, es ist nötig*	constat	*es ist bekannt, bekanntlich*
opus est	*es ist Bedürfnis, es ist nötig*	fas est	*es ist göttliches Recht*
necesse est	*es ist unvermeidlich, es ist nötig*	nefas est	*es ist Sünde*
apparet	*es ist offenbar*	praestat	*es ist besser*

Der a. c. i. im Relativsatz

Sequor amicum, quem prudentem esse scio. *Ich folge dem Freund, der, wie ich weiß, klug ist.*

Anleitung zur Übersetzung:

1. Übersetze den Relativsatz zunächst als Hauptsatz und das Relativpronomen durch das entsprechende Demonstrativpronomen!

(quem prudentem esse scio *ich weiß, daß er klug ist.*)

2. Mache den Infinitiv zum Prädikat des Relativsatzes und übersetze das Verbum, von dem der a. c. i. abhängig ist, durch eine Parenthese (eingeschobener Vergleichssatz) oder adverbial!

(scio *wie ich weiß*).

2. Der sogenannte n. c. i. (nōminātīvus cum īnfīnītīvō)

Regel: Treten die Verben, nach denen der a. c. i. als Objekt steht, ins Passiv und werden persönlich konstruiert, so steht statt des a. c. i. der n. c. i.

Der n. c. i. steht bei allen Personen von

1. videor *ich scheine*
2. dicor *ich werde gesagt* = *ich soll,* (putor, existimor, iudicor)
3. bei iubeor, vetor, sinor
4. bei fertur, feruntur *man erzählt, daß* (nur dritte Person möglich)
   bei traditur, traduntur *es wird überliefert, daß* (nur 3. Person möglich)

Videris verum non dicere. *Du scheinst nicht die Wahrheit zu sagen. Anscheinend sagst du nicht die Wahrheit.*

Beati esse dicimini. (*Ihr werdet gesagt, glücklich zu sein.*) *Man sagt, ihr wäret glücklich. Ihr sollt glücklich sein.*

Unterscheide: Iudex noster iustus esse dicitur. Iudex iustus sit!

Milites pontem facere iussi sunt. *Den Soldaten wurde befohlen, eine Brücke zu bauen.*

Troia decem annos a Graecis obsessa esse fertur. *Man erzählt, Troja sei zehn Jahre lang von den Griechen belagert worden.*

3. Der Infinitiv

Begriff: Der Infinitiv ist ein Verbalsubstantiv. Er wird deshalb wie ein Substantiv als Subjekt und Objekt verwandt, als Verbalform durch Objekte ergänzt und durch Adverbien näher bestimmt.

Die fehlenden Kasus des Infinitiv Präsens Aktiv werden durch das Gerundium ersetzt.

Der Infinitiv als Objekt

Der Infinitiv steht wie im Deutschen als Objekt bei Verben, die einer näheren Bestimmung bedürfen, wenn das Subjekt beider Verben das gleiche ist. **Diese Verben bedeuten ein Wollen, Können, Müssen, Anfangen, Fortfahren, Pflegen und Aufhören.**

Aut prodesse volunt aut delectare poetae. *Die Dichter wollen entweder nützen oder erfreuen.*

aber: Volo te hic manere. *Ich will, daß du hier bleibst.*

Caesar urbem oppugnare incipit. *Cäsar beginnt, die Stadt anzugreifen.*

Themistocles noctu ambulare solebat. *Themistokles ging gewöhnlich nachts spazieren.*

Der Infinitiv als Subjekt

Der Infinitiv steht wie im Deutschen als Subjekt bei unpersönlichen Verben und Ausdrücken. Wenn der Infinitiv ein eigenes Subjekt hat, steht der a. c. i.

Libere dicere licet. *Es ist erlaubt, frei zu sprechen.*

Errare humanum est. *Irren ist menschlich.*

Das Prädikatsnomen beim Infinitiv

Regel: Das Prädikatsnomen beim Infinitiv richtet sich nach seinem Beziehungswort im Nominativ. Ist kein Beziehungswort im Nominativ vorhanden, so steht das Prädikatsnomen im Akkusativ.

Cato bonus esse quam videri malebat. *Cato wollte lieber gut sein als scheinen.*

aber: Discipulorum est sedulos esse. *Es ist Pflicht der Schüler, fleißig zu sein.*

Turpe est mendacem esse. *Es ist schändlich, ein Lügner zu sein.*

Merke: Steht bei licet ein Dativobjekt, so tritt auch das Prädikatsnomen gewöhnlich in den Dativ (Kasusangleichung).

Nobis inertibus esse non licet. *Wir dürfen nicht träge sein.*

Übersetzung des lateinischen Infinitivs

Im Deutschen wird oft der Infinitiv als Prädikat übersetzt, das übergeordnete Verbum dagegen als Adverb.

Caesar ab urbe proficisci maturat. *Cäsar reist schleunigst von der Hauptstadt ab.*

Hostes flumen transire non dubitaverunt. *Die Feinde überschritten unbedenklich den Fluß.*

4. Das Partizip

Begriff: Das Partizip ist ein Verbaladjektiv, d. h., es kann die Funktion eines Adjektivs und eines Verbums ausüben[1]).

Merke: Das Partizip richtet sich genau wie ein Adjektiv nach seinem Beziehungswort im Kasus, Numerus und Genus.

---

[1]) Form: siehe S. 37.

Beachte: Stelle nach der **Form des Partizips** zunächst sein **Beziehungswort** fest!

Matrem amatam visitavimus. *Wir haben die geliebte Mutter besucht.*

Dux milites hortatus proelium commisit. *Der Feldherr ermutigte seine Soldaten und begann den Kampf.*

Das Tempus des Partizips

Das Partizip bezeichnet **keine Zeitstufe** an sich, sondern **das Zeitverhältnis** zum übergeordneten Verbum.

Steht das **Partizip Präsens**, so ist die Handlung des Partizips **gleichzeitig** zu der des übergeordneten Verbums.

Steht das **Partizip Perfekt**, so ist die Handlung des Partizips **vorzeitig** zu der des übergeordneten Verbums.

Steht das **Partizip Futur**, so ist die Handlung des Partizips **nachzeitig** zu der des übergeordneten Verbums.

Verwendung: Das Partizip steht

1. als **Attribut:** praemium promissum *die versprochene Belohnung.*
2. als **Prädikatsnomen:** urbs deleta est *die Stadt ist zerstört worden.*
3. als **Prädikativum:** Plato scribens mortuus est. *Plato starb beim Schreiben.*

Das sogenannte participium coniunctum

Begriff: Als participium coniunctum bezeichnet man ein Partizip, das sich auf einen Satzteil bezieht und in der Regel durch ein Objekt oder eine adverbiale Bestimmung erweitert ist.

Caesar milites suos cohortatus proelium commisit. *Cäsar ermutigte seine Soldaten und begann den Kampf.*

Multi homines in his oppidis habitantes igni necati sunt. *Viele Menschen, die in diesen Städten wohnten, sind durch das Feuer getötet worden.*

Übersetzung des participium coniunctum

1. **Löse** in der Regel jedes participium coniunctum **auf**!
2. Stelle den **logischen Zusammenhang** des participium coniunctum zum gesamten Satz fest! Das Partizip kann temporal, kausal, konditional, konzessiv, final und modal gebraucht sein.
3. Übersetze es dann entsprechend durch einen **Nebensatz** (Konjunktionalsatz, Relativsatz), beigeordneten **Hauptsatz** oder **präpositionalen Ausdruck**!
4. Wandle **passive Konstruktionen** so weit wie möglich in aktive um!
5. Beziehe nie ein **Objekt oder eine adverbiale Bestimmung**, die **vor dem participium coniunctum** stehen, auf das nachfolgende Prädikat!

Beispiel: Milites ab hostibus capti liberati sunt.

Möglichkeiten der Übersetzung von Partizipialkonstruktionen

temporal: Troia decem annos obsessa denique a Graecis expugnata est. *Als Troja zehn Jahre lang belagert worden war, wurde es schließlich von den Griechen erobert.* Oder: *Nach zehnjähriger Belagerung wurde Troja schließlich von den Griechen erobert.*

kausal:	Tibi nos in summo periculo tutato grati sumus. *Wir sind dir dankbar, weil du uns in höchster Gefahr beschützt hast. Du hast uns in höchster Gefahr beschützt, daher sind wir dir dankbar.*
konditional:	Naturam ducem sequentes numquam aberrabimus. *Wenn wir der Natur als Führer folgen, werden wir niemals in die Irre gehen.*
konzessiv:	Auxilium tuum nobis pollicitus non adiuvisti. *Obwohl du uns deine Hilfe versprochen hast, hast du nicht geholfen.*
modal:	Ceres Proserpinam filiam quaerens totum orbem peragravit. *Ceres wanderte auf der Suche nach ihrer Tochter Proserpina über die ganze Erde.* Puer nihil dicens discessit. *Der Knabe ging weg, ohne ein Wort zu sagen.*

5. Der sogenannte ablātīvus absolūtus

Begriff: Als ablativus absolutus bezeichnet man einen Ablativ mit einem prädikativen Partizip, der grammatisch nicht abhängig ist von einem Glied des übrigen Satzes. Er scheint losgelöst von der Konstruktion des Satzes und bezeichnet in der Regel einen näheren Umstand der Haupthandlung (Adverbiale Bestimmung).

Troiā deletā Graeci in patriam navigaverunt. *Nach der Zerstörung Trojas fuhren die Griechen in ihre Heimat.*

Civibus fortiter resistentibus urbs capta est. *Obwohl die Bürger tapfer Widerstand leisteten, wurde die Stadt eingenommen.*

Merke: Beim ablativus absolutus bezeichnet das Partizip das **Zeitverhältnis** des Begleitumstandes zur Haupthandlung (vgl. partic. coniunctum).

Sole oriente profecti sumus. *Bei Sonnenaufgang brachen wir auf.*

Sole orto profecti sumus. *Nach Sonnenaufgang brachen wir auf.*

Nominaler ablativus absolutus

Beim ablativus absolutus kann statt eines Partizips auch ein prädikatives Substantiv oder Adjektiv stehen.

Caesare duce	*unter der Führung Cäsars (unter Cäsar als Führer)*
me duce	*unter meiner Führung (unter mir als Führer)*
amico auctore	*auf den Rat, auf die Veranlassung des Freundes*
Cicerone consule	*unter Ciceros Konsulat*
Tarquinio rege	*unter der Herrschaft des Tarquinius*
Hannibale vivo	*zu Lebzeiten Hannibals*
nobis invitis	*gegen unseren Willen*
matre inscia	*ohne Wissen der Mutter*

Übersetzung des ablativus absolutus

1. Wenn **keine grammatische Beziehung** eines Ablativs mit Partizip (Substantiv oder Adjektiv) zum übrigen Satz festzustellen ist, fasse ihn als ablativus absolutus auf!

2. Übersetze den ablativus absolutus als **nominativus absolutus in Parenthese**! Mache den Ablativ zum Subjekt und das Partizip zum Prädikat!

3. Stelle den **logischen Zusammenhang** des ablativus absolutus zum übrigen Satz fest!

4. Übersetze den ablativus absolutus durch einen **Nebensatz**, beigeordneten **Hauptsatz** oder **präpositionalen Ausdruck**! (siehe participium coniunctum)

5. Beziehe nie **ein Wort, das innerhalb des ablativus absolutus** steht, grammatisch auf den übrigen Satz!

Beispiele: Caesar vicis Germanorum incensis in Galliam se recepit.

Cäsar — die Dörfer der Germanen sind in Brand gesteckt — zog sich nach Gallien zurück. Als Cäsar die Dörfer der Germanen in Brand gesteckt hatte, zog er sich nach Gallien zurück.

Nullo resistente hostes urbem ceperunt. *Niemand leistete Widerstand —die Feinde nahmen die Stadt ein. Ohne jeden Widerstand nahmen die Feinde die Stadt ein.*

6. Das Gerundium

Begriff: Das Gerundium ist ein aktives Verbalsubstantiv; es vertritt die fehlenden obliquen Kasus des Infinitivs Präsens Aktiv[1]**.**

Merke: Der Infinitiv Präsens Aktiv kann nur als Subjekt oder Akkusativobjekt verwandt werden.

Beispiele:

Natare me delectat.	*Schwimmen macht mir Freude.*
Natare didici.	*Ich habe schwimmen gelernt.*
Facultas natandi hominibus data est.	*Die Fähigkeit zu schwimmen ist dem Menschen gegeben.*
Piscis ad natandum natus est.	*Der Fisch ist zum Schwimmen geboren.*
Natando corpus firmamus.	*Durch Schwimmen kräftigen wir den Körper.*

Verwendung: 1. **Das Gerundium in den einzelnen Kasus.**

Der **Genetiv** des Gerundiums steht **bei Substantiven** als Attribut und **bei Adjektiven,** die ihre Ergänzung im Genetiv haben (begierig, kundig, eingedenk, teilhaftig, mächtig, voll und deren Gegenteil), ferner bei dem nachgestellten **Ablativ causā = um — willen,** der als Präposition mit dem Genetiv verwandt wird.

Beispiele:

ars scribendi	*die Kunst zu schreiben*
cupidus videndi	*begierig zu sehen*
venandi causa	*um zu jagen (um des Jagens willen)*

---

[1]) Form: siehe S. 38.

Merke: Von einem Substantiv kann im Lateinischen im Gegensatz zum Deutschen **nie ein Infinitiv abhängig** sein, sondern statt dessen **nur der Genetiv des Gerundiums.**

Der Dativ des Gerundiums ist ungebräuchlich.

Der **Akkusativ** des Gerundiums steht **nur mit Präpositionen,** am häufigsten **mit ad zur Bezeichnung eines Zweckes,** besonders bei natus *geboren*, paratus *bereit*, aptus, idoneus *geeignet*, facilis *leicht*, iucundus *angenehm.*

Homo ad cogitandum natus est. *Der Mensch ist zum Denken geboren.*

Der **Ablativ** des Gerundiums steht ohne oder mit Präpositionen, besonders in und dē.

Docendo discimus. *Durch Lehren lernen wir.* In cogitando *beim Nachdenken.*

2. **Das Gerundium mit einem Adverb oder Objekt.**
Da das Gerundium ein Verbalsubstantiv ist, kann es die Funktion eines Verbums und eines Substantivs ausüben. Infolge seines verbalen Charakters kann es mit Adverbien und Objekten verbunden werden.

ars recte scribendi	*die Kunst, richtig zu schreiben*
spes patriam liberandi	*die Hoffnung, das Vaterland zu befreien*

Merke: Statt des Genetivs des Gerundiums mit Akkusativobjekt steht meistens die attributive Gerundivkonstruktion:

Das von dem Gerundium abhängige Akkusativobjekt tritt in den Kasus des Gerundiums, das Gerundium wird als attributives Gerundivum mit dem Substantiv verbunden (siehe unter Gerundivum).

Spes patriam liberandi = spes patriae liberandae.

7. Das Gerundivum

Begriff: Das Gerundivum ist ein passives Verbaladjektiv, das in der Regel ausdrückt, daß etwas getan werden muß oder soll, verneint, daß etwas nicht getan werden darf[1]).

laudandus	*einer, der gelobt werden muß oder soll*
non laudandus	*einer, der nicht gelobt werden darf*
Victoria celebranda est.	*Der Sieg muß gefeiert werden.*
Artificium delendum non est.	*Das Kunstwerk darf nicht zerstört werden.*

Merke: Auch bei Deponentien hat das Gerundivum passive Bedeutung.

Victoria admiranda est.	*Der Sieg muß bewundert werden.* *Der Sieg ist bewundernswert.*

Konstruktion: Das Gerundivum wird bei transitiven Verben persönlich konstruiert, bei intransitiven Verben nur unpersönlich, d. h. im Neutrum mit der 3. Person Singular von esse.

[1]) Form: siehe S. 37.

	Audiendi sumus.	*Wir müssen gehört werden.*
aber:	Parendum est.	*Man muß gehorchen.*

Merke: Die Person, die etwas tun muß oder nicht tun darf, steht beim Gerundivum im Dativ (Dativus auctoris).

Victoria **nobis** celebranda est.	*(Der Sieg ist uns [von uns] ein zu feiernder). Der Sieg muß von uns gefeiert werden. Wir müssen den Sieg feiern.*
Vobis parendum est.	*Ihr müßt gehorchen.*

Verwendung: Das Gerundivum wird verwandt

1. als **Attribut:**

liber legendus — *ein lesenswertes Buch*

Besonderheit: Die sogenannte attributive Gerundivkonstruktion

a) **Das Gerundivum als Attribut im Genetiv steht meistens statt des Gerundiums im Genetiv mit Akkusativobjekt.**

spes patriae liberandae statt spes patriam liberandi	*die Hoffnung, das Vaterland zu befreien*
signum proelii committendi statt signum proelium committendi	*das Zeichen, den Kampf zu beginnen*

Beachte, daß bei dieser Konstruktion das Gerundivum im Deutschen aktivisch zu übersetzen ist!

b) **Die attributive Gerundivkonstruktion steht immer bei präpositionalen Ausdrücken,** besonders mit **in, de** und **ad.**

Cicero librum de morte contemnenda scripsit. *Cicero schrieb ein Buch über die Verachtung des Todes (über den zu verachtenden Tod).*

2. als **Prädikatsnomen:**

Voluntas tua laudanda est. *Dein Wille muß (soll) gelobt werden.*

Liber tibi legendus non est. *Du darfst das Buch nicht lesen.*

3. als **Prädikativum zur Bezeichnung des Zwecks bei den Verben des Übergebens und Überlassens.**

curare	*besorgen, lassen*	concedere	*überlassen*
dare	*geben*	committere	*überlassen*
tradere	*übergeben*	permittere	*überlassen*
suscipere	*übernehmen*	relinquere	*zurücklassen*

Merke: Stehen diese Verben im Aktiv, so steht das Gerundivum im Akkusativ; treten diese Verben ins Passiv, so steht das Gerundivum im Nominativ.

Caesar pontem in flumine faciendum curat. *Cäsar läßt eine Brücke über den Fluß schlagen.*

Urbs militibus diripienda permissa est. *Die Stadt wurde den Soldaten zur Plünderung überlassen.*

V. Modi, cōnsecūtiō temporum (Zeitenfolge)

1. Modi

Die lateinische Sprache hat wie die deutsche **drei Modi** (Aussageweisen): **Indikativ, Konjunktiv** und **Imperativ.**

Der **Indikativ** ist der **Modus der Wirklichkeit, der Tatsachen.**

Cogito, ergo sum. *Ich denke, also bin ich.*

Der **Konjunktiv** ist der **Modus der Vorstellungen:** des **Begehrens,** der **Möglichkeit und der Unwirklichkeit.**

Eamus. *Laßt uns gehen!*
Opto, ut venias. *Ich wünsche, daß du kommst.*
Dicat aliquis. *Es könnte einer sagen.*
Si hoc dicas, erres. *Wenn du das sagen solltest, dürftest du wohl irren.*
Utinam viveret! *Wäre er doch noch am Leben!*
Si viveret, beatus essem. *Wenn er am Leben wäre, wäre ich glücklich.*

Der **Imperativ** ist der **Modus des Befehls.**

Cave canem! *Nimm dich vor dem Hund in acht!*

2. Cōnsecūtiō temporum in Nebensätzen

A. Consecutio temporum in indikativischen Nebensätzen:

1. Steht im **Hauptsatz** das **Präsens,** so steht **im indikativischen Nebensatz**

bei Gleichzeitigkeit	Indikativ **Präsens,**
bei Vorzeitigkeit	Indikativ **Perfekt.**

Cum domi sum, laetus sum. *Wenn ich zu Hause bin, bin ich froh.*
Cum domum veni, laetus sum. *Wenn ich nach Hause komme (gekommen bin), bin ich froh.*

2. Steht im **Hauptsatz** eine **Vergangenheit** (Imperfekt, Perfekt, Plusquamperfekt), so steht **im indikativischen Nebensatz**

bei Gleichzeitigkeit	Indikativ **Imperfekt, Perfekt** oder **Plusquamperfekt,**
bei Vorzeitigkeit	Indikativ **Plusquamperfekt.**

Cum domi eram, laetus eram. *Wenn ich zu Hause war, war ich froh.*
Donec ego scripsi, tu legisti. *Solange ich schrieb, hast du gelesen.*
Donec ego scripseram, tu legeras. *Solange ich geschrieben hatte, hattest du gelesen.*
Cum domum veneram, laetus eram. *Wenn ich nach Hause kam (gekommen war), war ich froh.*

3. Steht im **Hauptsatz** das **Futur I,** so steht **im indikativischen Nebensatz**

bei Gleichzeitigkeit	ebenfalls das **Futur I,**
bei Vorzeitigkeit	das **Futur II.**

Cum domi ero, laetus ero. *Wenn ich zu Hause bin (sein werde), werde ich froh sein.*

Cum domum venero, laetus ero. *Wenn ich nach Hause komme (gekommen sein werde), werde ich froh sein.*

B. Consecutio temporum in konjunktivischen Nebensätzen:

1. Steht im **Hauptsatz** das **Präsens oder Futur,** so steht **im konjunktivischen Nebensatz**

bei Gleichzeitigkeit	**Konjunktiv Präsens,**
bei Vorzeitigkeit	**Konjunktiv Perfekt,**
bei Nachzeitigkeit	**die coniugatio periphrastica auf -urus sim.**

Merke: Die Nachzeitigkeit wird nur in indirekten Fragesätzen zum Ausdruck gebracht. Finalsätze, die sich in der Regel auf die Zukunft beziehen, werden nicht als nachzeitig, sondern als **gleichzeitig** behandelt, z. B.: opto, ut venias.

Interrogo te,	quid agas.	*Ich frage dich,*	*was du treibst.*
	quid egeris.		*was du getrieben hast.*
Interrogabo te,	quid acturus sis.	*Ich werde dich fragen,*	*was du treiben wirst.*

2. Steht im **Hauptsatz** eine **Vergangenheit** (Imperfekt, Perfekt, Plusquamperfekt) so steht **im konjunktivischen Nebensatz**

bei Gleichzeitigkeit	**Konjunktiv Imperfekt**
bei Vorzeitigkeit	**Konjunktiv Plusquamperfekt**
bei Nachzeitigkeit	**die coniugatio periphrastica auf -urus essem.**

Interrogabam te,	quid ageres.	*Ich fragte dich,*	*was du triebst.*
Interrogavi te,	quid egisses.	*habe dich gefragt,*	*was du getrieben hattest.*
Interrogaveram te,	quid acturus esses.	*hatte dich gefragt,*	*was du treiben wolltest.*

VI. Hauptsätze

Begriff: Hauptsätze sind selbständige Sätze, die unabhängig von einem anderen Satz stehen können.

Arten der Hauptsätze: Man unterscheidet

1. **Behauptungssätze,** 2. **Begehrssätze,** 3. **Fragesätze.**

Beispiele:

Amicus venit. *Der Freund kommt.*
Amicus veniat. *Der Freund soll kommen.*
Quis scripsit? *Wer hat geschrieben?*

Merke: Fragesätze sind ihrem Inhalt nach Behauptungssätze oder Begehrssätze. Beispiele: Kommt der Freund? Soll der Freund kommen?

Modi in Hauptsätzen:

Hauptsätze, die eine **Tatsache** enthalten, stehen im **Indikativ.**

Hauptsätze, die ein **Begehren,** eine **Möglichkeit** oder **Unwirklichkeit** enthalten, stehen im **Konjunktiv.**

Hauptsätze, die einen **Befehl** enthalten, stehen im **Imperativ.**

1. Behauptungssätze

Arten der Behauptungssätze:

Behauptungssätze können als **wirklich** (real), als **möglich** (potential) oder als **unwirklich** (irreal) hingestellt werden.

Beispiele:

Puer in aquam cecidit. *Der Junge ist ins Wasser gefallen.*

Auxilio celeri servetur. *Durch schnelle Hilfe könnte er gerettet werden.*

Sine vestro auxilio submersus esset. *Ohne eure Hilfe wäre er ertrunken.*

a) **Reale Behauptungssätze** stehen im Lateinischen wie im Deutschen im **Indikativ.**

Caesar Galliam expugnavit. *Cäsar hat Gallien erobert.*

Merke: Bei posse und paene steht im Lateinischen abweichend vom Deutschen der Indikativ.

Multa dicere potui, sed tacui. *Ich hätte vieles sagen können, aber ich habe geschwiegen.*

Paene cecidi. *Beinahe wäre ich gefallen.*

b) **Potentiale Behauptungssätze** bezeichnen eine **Möglichkeit** oder **gemilderte Behauptung.** Sie stehen im **Konjunktiv Präsens oder Perfekt.**

Dicat (dixerit) aliquis. *Es könnte jemand sagen.*

Non affirmaverim. *Ich möchte nicht behaupten.*

c) 1. **Irreale Behauptungssätze der Gegenwart** stehen im **Konjunktiv Imperfekt.**

Sine amicitia vita tristis esset. *Ohne Freundschaft wäre das Leben traurig.*

2. **Irreale Behauptungssätze der Vergangenheit** stehen im **Konjunktiv Plusquamperfekt.**

Sine te desperavissem. *Ohne dich wäre ich verzweifelt.*

Libenter venissem. *Gern wäre ich gekommen.*

2. Begehrssätze

Arten der Begehrssätze: Man unterscheidet

1. Begehrssätze, die eine **Aufforderung,** ein **Gebot** oder **Verbot** enthalten.
2. Begehrssätze, die einen **Wunsch** enthalten (Wunschsätze).

Merke: In Begehrssätzen heißt die Verneinung stets nē.

1 a) **Aufforderung und Gebot** stehen im **Konjunktiv Präsens** oder im **Imperativ.**

Cantemus! *Laßt uns singen! Wir wollen singen!*
Ne desperemus! *Wir wollen nicht verzweifeln!*
Audiatur et altera pars! *Auch die andere Partei soll gehört werden!*
Audi! *Höre!* Audite! *Hört!*

1 b) Ein **Verbot an die dritte Person Singular oder Plural** steht im **Konjunktiv Präsens.**

Puer ne telum habeat! *Ein Junge soll keine Waffe haben!*

1 c) Ein **Verbot an die zweite Person Singular oder Plural** steht im **Konjunktiv Perfekt** (coniunctivus prohibitivus) oder wird durch **noli, nolite mit Infinitiv** umschrieben.

Ne hoc feceris! *Tu das nicht!*
Ne mortem timueritis! *Fürchtet euch nicht vor dem Tod!*
Noli turbare circulos meos! *Störe meine Kreise nicht!*
Nolite timere! *Fürchtet euch nicht!*

zu 2. **Wunschsätze**

Man unterscheidet **erfüllbar gedachte Wünsche** und **unerfüllbare Wünsche.**

2a) **Erfüllbar gedachte Wunschsätze** stehen im **Konjunktiv Präsens** für die Gegenwart, im **Konjunktiv Perfekt** für die Vergangenheit, oft eingeleitet mit utinam *wenn doch, o daß doch*, verneint mit nē.

Quod di bene vertant! *Das mögen die Götter zum Guten lenken!*
Utinam ne sero venias! *Hoffentlich kommst du nicht zu spät!*
Utinam ne frustra dixerim! *Hoffentlich habe ich nicht vergeblich gesprochen!*

2b) **Unerfüllbare Wunschsätze** stehen im **Konjunktiv Imperfekt** für die Gegenwart, im **Konjunktiv Plusquamperfekt** für die Vergangenheit, **immer** eingeleitet mit **utinam** *wenn doch, o daß doch*, verneint mit utinam nē *wenn doch nicht, o daß doch nicht.*

Utinam viveret! *Wenn er doch noch am Leben wäre!*
Utinam ne piger fuisses! *Wenn du doch nicht faul gewesen wärest!*

3. Unabhängige Fragesätze (Direkte Fragesätze)

Man unterscheidet 1. **Wortfragen** (Bestimmungsfragen), 2. **Satzfragen** (Entscheidungsfragen), 3. **Doppelfragen** (Wahlfragen).

zu 1. **Wortfragen** werden mit einem **Fragewort** eingeleitet und beziehen sich nur auf ein einzelnes Wort.

Quem exspectatis? *Auf wen wartet ihr?*
Paulum exspectamus. *Wir warten auf Paul.*
Quamdiu in schola eras? *Wie lange warst du in der Schule?*
Quinque horas in schola eram. *Ich war fünf Stunden in der Schule.*

zu 2. **Satzfragen** beziehen sich auf den Inhalt des ganzen Satzes und verlangen die Entscheidung „ja" oder „nein". **Satzfragen** werden durch die **Fragepartikeln -ne, nōnne, num** eingeleitet.

a) Die Fragepartikel **-ne** läßt die **Antwort „ja" oder „nein" offen.** Sie wird an das betonte Wort angehängt, das an die Spitze des Satzes tritt.

Apportavitne nuntius epistulas? **Hat** *der Bote die Briefe* **gebracht?**

b) Die Fragepartikel **nōnne** (nōn – ne) wird am Anfang des Satzes verwandt, wenn man die **Antwort „ja"** erwartet.

Nonne amicum aegrotum visitavisti?
Hast du nicht den kranken Freund besucht? oder: *Du hast doch den kranken Freund besucht?*

c) Die Fragepartikel **num** wird am Anfang des Satzes verwandt, wenn man die Antwort **„nein"** erwartet.

Num feriis laboravisti? *Hast du etwa in den Ferien gearbeitet?*

zu 3. **Doppelfragen** stellen zwei oder mehr Möglichkeiten zur Wahl.

Das zweite Glied und alle folgenden Glieder einer Doppelfrage werden durch **an** = *oder* eingeleitet,

das erste Glied kann durch **utrum** oder angehängtes **-ne** eingeleitet werden, aber auch **ohne Fragepartikel** stehen.

Utrum manebimus	**an** proficiscemur?	
Manebimus**ne**	**an** proficiscemur?	*Bleiben wir oder brechen wir auf?*
Manebimus	**an** proficiscemur?	
Manebimus	**an** non?	*Bleiben wir oder nicht?*

VII. Nebensätze (Gliedsätze)

1. Einteilung der Nebensätze

Bei den Nebensätzen unterscheidet man

1. **nach ihrer Form,** d. h. nach dem Wort, das den Nebensatz einleitet: **Konjunktionalsätze, Fragesätze, Relativsätze.**
2. **nach ihrer Funktion,** d. h. nach der Aufgabe, die der Nebensatz als Satzteil des Hauptsatzes vertritt: **Subjektsätze, Objektsätze, Attributsätze, Adverbialsätze.**

Adverbialsätze

werden **nach dem logischen Verhältnis zum Hauptsatz** eingeteilt in:

1. **Finalsätze,** soweit sie Zwecksätze sind
2. **Konsekutivsätze** (Folgesätze)
3. **Temporalsätze** (Zeitsätze)
4. **Kausalsätze** (Begründungssätze)
5. **Konditionalsätze** (Bedingungssätze)
6. **Konzessivsätze** (Einräumungssätze)
7. **Adversativsätze** (Gegensatzsätze)
8. **Komparativsätze** (Vergleichssätze)

Anmerkung: Finalsätze, die Begehrssätze sind, sind Objektsätze.

3. **nach dem Grad der Abhängigkeit:**

a) **Nebensatz ersten Grades:** Der Nebensatz ist von einem Hauptsatz abhängig oder ihm untergeordnet.

b) **Nebensatz zweiten Grades:** Der Nebensatz ist von einem Nebensatz ersten Grades abhängig.

Anmerkung: Der übergeordnete Satz heißt auch der regierende Satz.

4. **nach dem Verhältnis der Abhängigkeit:**

a) **äußerlich abhängige Nebensätze:** Sie enthalten eine feststehende (objektive) Tatsache.

b) **innerlich abhängige Nebensätze:** Sie **enthalten Meinungen** (Behauptungen, Wünsche und Fragen) **des übergeordneten Subjekts** und **stehen im Konjunktiv.**

Das **Personal- und Possessivpronomen der 3. Person,** das sich auf das Subjekt des übergeordneten Verbs bezieht, wird **durch das Reflexivpronomen** wiedergegeben.

Filius patrem oravit, ut **se** visitaret.
Der Sohn bat den Vater, er solle ihn besuchen.

Beachte: Behauptungen, die von verba dicendi oder sentiendi abhängig sind, werden im Lateinischen nicht durch einen Nebensatz, sondern durch den a. c. i. ausgedrückt, der ein Satzteil ist.

2. Abhängige Fragesätze (Indirekte Fragesätze)

Begriff: Abhängige Fragesätze sind Nebensätze, die eine Frage enthalten. Sie sind abhängig von Verben des Fragens, Sagens, Wissens und Denkens.

Konstruktion: Abhängige Fragesätze stehen immer im Konjunktiv, weil sie innerlich abhängig sind. Sie richten sich streng nach der consecutio temporum für konjunktivische Nebensätze.

1. **Abhängige Wortfragen** werden wie die unabhängigen durch **Fragepronomina oder Frageadverbien** eingeleitet.

Interrogas, quid faciam, quid fecerim, quid facturus sim. *Du fragst, was ich mache, was ich gemacht habe, was ich machen werde.*

Nesciebam, quid ageret, quid egisset, quid acturus esset. *Ich wußte nicht, was er trieb, was er getrieben hatte, was er treiben würde.*

2. **Abhängige Satzfragen** werden eingeleitet
durch **-ne** oder **num** = *ob, ob etwa, ob nicht.*

Iudex me interrogavit, latronesne vidissem. *Der Richter fragte mich, ob ich (ob ich etwa, ob ich nicht) die Räuber gesehen hätte.*

Merke: Nach verneinten Ausdrücken des Zweifelns steht im Lateinischen ein indirekter Fragesatz mit **quin** *daß.*

Non dubito (dubium non est), quin hoc verum sit.
Ich zweifle nicht, daß das wahr ist. Das ist zweifellos wahr.

aber: dubitare mit Infinitiv *zögern, Bedenken tragen* (siehe Infinitiv, S. 60).

3. Bei **abhängigen Doppelfragen** wird **das zweite Glied** mit **an** = *oder* eingeleitet,

das erste Glied kann durch **utrum** oder **-ne** = *ob* eingeleitet werden, aber **auch ohne Fragepartikel** stehen.

Beachte: Im Deutschen wird das erste Glied einer abhängigen Doppelfrage immer mit „ ob“ eingeleitet.

Considerate, { **utrum** facta **an** dicta pluris sint! / fact**ane** **an** dicta pluris sint! / facta **an** dicta pluris sint! } *Überlegt, ob Taten oder Worte mehr wert sind!*

3. Konditionalsätze (Bedingungssätze)

Ein konditionales Satzgefüge besteht aus dem bedingenden Nebensatz (eingeleitet mit „wenn“) und dem bedingten Hauptsatz (Folgerungssatz).

Bei den Konditionalsätzen gibt es nach dem Verhältnis zur Wirklichkeit **drei Arten oder Fälle:**

1. **Indefinitus** oder **sogenannter Realis:**

Die Verwirklichung von Bedingung und Folgerung bleibt offen.

Si hoc dicis, erras. *Wenn du das sagst, irrst du dich. (ob du es sagst, bleibt dahingestellt)*
Si hoc dixisti, erravisti. *Wenn du das gesagt hast, hast du dich geirrt.*
Si hoc dices, errabis. *Wenn du das sagst, wirst du dich irren.*

Beim **Indefinitus** steht im Haupt- und Nebensatz der **Indikativ aller Tempora.**

2. **Potentialis:**

Bedingung und Folgerung werden als möglich hingestellt.

Si hoc dicas, erres. / Si hoc dixeris, erraveris. } *Wenn du das sagen solltest, dürftest du wohl irren. (es ist möglich, daß du es sagst)*

Beim **Potentialis** steht im Haupt- und Nebensatz der **Konjunktiv Präsens oder Perfekt.**

Merke: Der Konjunktiv Perfekt hat beim Potentialis keine Bedeutung als Zeitstufe der Vergangenheit (vgl. potentiale Behauptungssätze, S. 68).

3. **Irrealis:**

Bedingung und Folgerung werden ausdrücklich als unwirklich oder unmöglich hingestellt.

a) **Irrealis der Gegenwart:**

Si hoc diceres, errares. *Wenn du das sagen solltest, würdest du dich irren (aber du sagst es nicht).*

Beim **Irrealis der Gegenwart** steht im Haupt- und Nebensatz der **Konjunktiv Imperfekt.**

b) **Irrealis der Vergangenheit:**

Si hoc dixisses, erravisses. *Wenn du das gesagt hättest, hättest du dich geirrt (aber du hast es nicht gesagt).*

Beim **Irrealis der Vergangenheit** steht im Haupt- und Nebensatz der **Konjunktiv Plusquamperfekt.**

4. Relativsätze

Form: Relativsätze werden eingeleitet mit relativen Pronomina (qui, quicumque, quantus, qualis) und relativen Adverbien (ubi, quō, quā).

Begriff: Relativsätze sind Attributsätze, die ein Nomen des übergeordneten Satzes, das sogenannte Beziehungswort, erläutern.

Merke: Das Beziehungswort kann im Lateinischen auch ausgelassen werden, besonders wenn es sich um ein Pronomen handelt. Der Relativsatz ist dann ein scheinbarer Subjekt- oder Objektsatz.
Beispiel: Quae nocent, docent. *Was schadet, lehrt.*

Konstruktion des Relativpronomens:

Das **Relativpronomen** richtet sich im **Genus und Numerus** nach seinem **Beziehungswort** im übergeordneten Satz, im **Kasus** aber nach seiner **Funktion als Satzteil des Relativsatzes.**

Puer, qui sedulus est, laudatur. *Der Junge, der fleißig ist, wird gelobt.*

Fabulae, quas avia narrat, pulchrae sunt. *Die Geschichten, die Großmutter erzählt, sind schön.*

Nobiles, quorum iura Solo minuerat, contenti non erant. *Die Adligen, deren Rechte Solon eingeschränkt hatte, waren unzufrieden.*

Relativer Satzanschluß:

Wenn ein **Relativpronomen statt eines Demonstrativpronomens** einen Hauptsatz oder Konjunktionalsatz einleitet, spricht man von relativem Satzanschluß.

Caesar equitatum praemittit. Qui alieno loco cum equitatu Helvetiorum proelium committunt et pauci de nostris cadunt. Quo proelio sublati Helvetii nostros proelio lacessere coeperunt.

Cäsar schickte die Reiterei voraus. Diese begann auf ungünstigem Gelände mit der Reiterei der Helvetier ein Gefecht, und einige von unseren Reitern fielen. Durch dieses Gefecht wurden die Helvetier ermutigt und begannen, unsere Leute zum Kampf zu reizen.

Modus der Relativsätze:

Relativsätze, die eine Tatsache enthalten oder von verallgemeinernden Relativpronomina eingeleitet werden, stehen im **Indikativ.**

Belgae sunt proximi Germanis, qui trans Rhenum incolunt. *Die Belgier sind die nächsten Nachbarn der Germanen, die jenseits des Rheines wohnen.*

Quidquid ortum est, aliquando interire necesse est. *Alles, was entstanden ist, muß einmal vergehen.*

Relativsätze mit finalem, konsekutivem, kausalem oder konzessivem Nebensinn stehen im **Konjunktiv.**

Helvetii legatos ad Caesarem miserunt, qui haec dicerent. *Die Helvetier schickten Gesandte zu Cäsar, die folgendes sagen sollten.*

Non is sum, qui mortis periculo terrear. *Ich bin nicht der Mann, der sich durch Todesfurcht schrecken läßt.*

Sunt, qui dicant. *Es gibt Leute, die sagen.*

Adiuvate hos miseros, qui omnia sua incendio amiserint! *Helft diesen Armen, die all ihre Habe durch den Brand verloren haben!*

Hic iuvenis, qui nobili familia natus sit, parentibus suis honori non est. *Dieser junge Mann, der doch aus einer vornehmen Familie stammt, macht seinen Eltern keine Ehre.*

5. Konjunktionen der Nebensätze

A. **Finalsätze** (Begehrs- und Zwecksätze)

ut mit Konjunktiv	=	**daß, damit, um zu**
Opto, ut venias.		*Ich wünsche, daß du kommst.*
Edo, ut vivam.		*Ich esse, um zu leben.*
nē mit Konjunktiv	=	**daß nicht, damit nicht**
Oro te, ne abeas.		*Ich bitte dich, nicht wegzugehen.*
nē nach den verba timendi	=	**daß**
Timeo, ne veniat.		*Ich fürchte, er kommt.*
ut nach den verba timendi	=	**daß nicht**
Timeo, ut veniat.		*Ich fürchte, daß er nicht kommt.*
nē oder **quōminus** nach den verba impediendi	=	**daß**
Impedio, ne (quominus) fugiat.		*Ich hindere ihn zu fliehen.*
quō vor einem Komparativ = ut eō	=	**damit desto**
Magister exempla narrabat, quo facilius discipuli rem intellegerent.		*Der Lehrer erzählte Beispiele, damit die Schüler die Sache um so leichter begriffen.*

B. **Konsekutivsätze** (Folgesätze)

ut mit Konjunktiv	=	**daß, so daß**
Nemo tam prudens est, ut omnia sciat.		*Niemand ist so klug, daß er alles weiß.*
ut nōn mit Konjunktiv	=	**daß nicht**
Nemo tam prudens est, ut falli non possit.		*Niemand ist so klug, daß er nicht getäuscht werden kann (könnte).*
quīn nach verneintem Hauptsatz	=	**daß nicht**
Nihil tam arduum est, quin homines temptent.		*Nichts ist so schwierig, daß es die Menschen nicht versuchen.*

C. Temporalsätze (Zeitsätze)

cum mit Konjunktiv (historicum)	=	**als**
Cum hostes appropinquarent, milites in castra properaverunt.		*Als sich die Feinde näherten, eilten die Soldaten ins Lager.*
cum mit Indikativ (temporale)	=	**damals als**
Cum Caesar in Galliam venit, duae factiones ibi erant.		*Als Cäsar nach Gallien kam, gab es dort zwei Parteien.*
cum mit Indikativ (iterativum)	=	**sooft, (jedesmal) wenn**
Cum tui memineram, gaudebam.		*Jedesmal, wenn ich an dich dachte, freute ich mich.*
cum mit Indikativ (inversum)	=	**als, da**
Vix Romani flumen transierant, cum Germani aggressi sunt.		*Kaum hatten die Römer den Fluß überschritten, da griffen die Germanen an.*
cum mit Indikativ (coincidens)	=	**indem, dadurch daß**
Cum tacent, clamant.		*Indem sie schweigen, rufen sie laut.*
dum mit Indikativ Präsens	=	**während**
Dum Troiani dormiunt, urbs a Graecis incensa est.		*Während die Trojaner schliefen, wurde die Stadt von den Griechen angezündet.*
dum, dōnec, quoad, quamdiū mit Indikativ des bezogenen Tempus	=	**solange als**
Dum spiro, spero.		*Solange ich atme, hoffe ich.*
Donec eris sospes, multos numerabis amicos.		*Solange es dir gut geht, wirst du viele Freunde haben.*
dum, dōnec, quoad mit Indikativ oder Konjunktiv	=	**solange bis**
Mane, dum redeo!		*Bleibe, bis ich zurückkehre!*
Magnus clamor erat, quoad magister venit.		*Es herrschte lautes Geschrei, bis der Lehrer kam.*
Caesar exspectavit, dum omnes naves convenirent.		*Cäsar wartete, bis alle Schiffe zusammenkämen.*
antequam, priusquam mit Indikativ oder Konjunktiv	=	**bevor**
Noli loqui, priusquam interrogatus es!		*Sprich nicht, bevor du gefragt bist!*
cum (prīmum), **ubi** (prīmum), **ut** (prīmum), **simul, simulac, simulatque** mit Indikativ Perfekt	=	**sobald als**
Ubi me conspexit, laetus me salutavit.		*Sobald er mich erblickte, begrüßte er mich froh.*

postquam (posteaquam)
mit Indikativ Perfekt = **nachdem**

Caesar, postquam in Treveros venit, Rhenum transire constituit.	*Nachdem Cäsar in das Gebiet der Treverer gekommen war, beschloß er, den Rhein zu überschreiten.*

D. Kausalsätze (Begründungssätze)

quod, quia = **weil**

quoniam, quando = **weil ja, da ja**

(bei objektivem Grund mit Indikativ, bei subjektivem Grund mit Konjunktiv)

Quod mentitus es, punieris.	*Weil du gelogen hast, wirst du bestraft werden.*
Athenienses Socratem capitis damnaverunt, quia iuvenes corrumperet.	*Die Athener verurteilten Sokrates zum Tode, weil er die Jugend verderbe.*

cum	mit Konjunktiv (causale)	= **da, weil**
	praesertim cum	*zumal da*
	quippe cum	*da ja*
	Cum peritus sis, me adiuvare potes.	*Da du erfahren bist, kannst du mir helfen.*

E. Konditionalsätze (Bedingungssätze)

si = **wenn**

Si hoc putas, erras.	*Wenn du das glaubst, irrst du dich.*

nisi (nī) = **wenn nicht**

Nisi adiuvisses, servatus non essem.	*Wenn du nicht geholfen hättest, wäre ich nicht gerettet worden.*

si nōn, si minus = **wenn nicht**

Si non omnes, at certe optimi tibi assentientur.	*Wenn nicht alle, aber wenigstens die Besten werden dir zustimmen.*

sin = **wenn aber**

Si timor est verus, discede, ne opprimar; sin falsus, ut tandem aliquando timere desinam.	*Wenn die Furcht berechtigt ist, gehe weg, damit ich ihr nicht erliege; wenn sie aber unbegründet ist, damit ich endlich einmal keine Furcht mehr habe.*

quodsi = **wenn aber**

Quodsi industria tua constans esset, omnes superares.	*Wenn dein Fleiß beharrlich wäre, würdest du alle übertreffen.*

sive – sive (seu – seu) = **sei es daß – oder daß**

Sive manetis, sive abitis, periculum non est.	*Ob ihr bleibt oder weggeht, Gefahr besteht nicht.*

Konditionale Komparativsätze (Vergleichssätze)

tamquam, quasi, velut si, ut si, proinde ac si mit Konjunktiv	=	**gleich als ob, wie wenn**
Homines laetabantur, quasi omnibus curis liberati essent.		*Die Menschen freuten sich, als ob sie von allen Sorgen befreit wären.*

Konditionale Wunschsätze

dum, dummodo, modo (verneint durch nē) mit Konjunktiv	=	**wenn nur**
Oderint, dum metuant!		*Mögen sie hassen, wenn sie nur Angst haben!*

F. Konzessivsätze (Einräumungssätze)

quamquam mit Indikativ	=	**obgleich, obwohl**
Quamquam non intellego, tamen credo.		*Obwohl ich es nicht einsehe, glaube ich es trotzdem.*
etsi, tametsi	=	**wenn auch**
Etsi me offendisti, tibi ignosco.		*Wenn du mich auch beleidigt hast, ich verzeihe dir.*
etiamsi	=	**auch wenn**
quamvis mit Konjunktiv	=	**wie sehr auch, obwohl**
Quamvis sint sub aqua, sub aqua maledicere temptant.		*Obwohl sie unter Wasser sind, versuchen sie doch, unter Wasser zu schimpfen.*
ut mit Konjunktiv	=	**gesetzt daß, wenn auch**
Ut desint vires, tamen est laudanda voluntas.		*Wenn auch die Kräfte fehlen, so ist doch der gute Wille zu loben.*
licet mit Konjunktiv	=	**mag auch**
cum mit Konjunktiv (concessivum)	=	**obgleich, obwohl**
Qui non vetat peccare, cum possit, iubet.		*Wer nicht verbietet zu sündigen, obwohl er es kann, fordert dazu auf.*

G. Adversativsätze (Gegensatzsätze)

cum mit Konjunktiv (adversativum)	=	**während**
Alter filius sedulus est, cum alter pigerrimus sit.		*Der eine Sohn ist fleißig, während der andere sehr faul ist.*

H. Das faktische quod

quod mit Indikativ	=	**(die Tatsache), daß; was das anbetrifft, daß; wenn**
Feliciter evenit, quod amicus in urbe erat.		*Es traf sich glücklich, daß der Freund in der Stadt war.*
Homines hoc uno bestiis praestant, quod rationem habent.		*Die Menschen sind den Tieren gerade dadurch überlegen, daß sie Vernunft haben.*

6. Mehrdeutige Konjunktionen

cum mit Konjunktiv	
cum historicum	*als*
cum causale	*da, weil*
cum concessivum	*obgleich, obwohl*
cum adversativum	*während* (Gegensatz)
cum mit Indikativ	
cum temporale	*damals als; zu der Zeit, als*
cum iterativum	*sooft, (jedesmal) wenn*
cum inversum	*als, da*
cum coincidens	*indem, dadurch daß*
cum (primum) mit Indikativ Perfekt	*sobald als*
ut mit Indikativ	
ut in Komparativsätzen	*wie*
ut (primum) mit Indikativ Perfekt	*sobald als*
ut mit Konjunktiv	
ut in Finalsätzen	*daß, damit, um zu*
(ut nach den Verba timendi	*daß nicht*)
ut in Konsekutivsätzen	*daß, so daß*
ut in abhängigen Fragesätzen	*wie*
ut in Konzessivsätzen	*gesetzt daß, wenn auch*
nē mit Konjunktiv	
nē in Finalsätzen	*daß nicht, damit nicht, um nicht zu*
(nē nach den verba timendi und impediendi	*daß*)
quin mit Konjunktiv	
quīn nach verneinten verba impediendi	*daß*
quīn in Konsekutivsätzen	*daß nicht*
quīn in abhängigen Fragesätzen nach non dubito (dubium non est)	*daß*
quod	
quod in Kausalsätzen	*weil*
quod in Nebensätzen, die eine Tatsache enthalten (faktisches quod)	*(die Tatsache), daß; wenn*
quod als Relativpronomen	*das*
dum	
dum mit Indikativ Präsens	*während* (temporal)
dum mit Indikativ des bezogenen Tempus	*solange als*
dum mit Indikativ oder Konjunktiv des bezogenen Tempus	*solange bis*
dum, dummodo, modo	*wenn nur*

Sachregister

(Die Zahlen beziehen sich auf die Seiten.)